基于法律思维的公司股权架构研究

余高明 著

·长沙·

图书在版编目(CIP)数据

基于法律思维的公司股权架构研究 / 余高明著. —长沙: 中南大学出版社, 2023.4

ISBN 978-7-5487-5321-6

Ⅰ. ①基… Ⅱ. ①余… Ⅲ. ①股权管理—公司法—研究—中国 Ⅳ. ①D922.291.914

中国国家版本馆 CIP 数据核字(2023)第 058577 号

基于法律思维的公司股权架构研究

JIYU FALÜ SIWEI DE GONGSI GUQUAN JIAGOU YANJIU

余高明　著

□出 版 人　吴湘华

□责任编辑　沈常阳

□封面设计　优盛文化

□责任印制　唐　曦

□出版发行　中南大学出版社

社址: 长沙市麓山南路　　邮编: 410083

发行科电话: 0731-88876770　　传真: 0731-88710482

□印　　装　石家庄汇展印刷有限公司

□开　　本　710 mm×1000 mm　1/16　□印张 12.5　□字数 223 千字

□版　　次　2023 年 4 月第 1 版　□印次 2023 年 4 月第 1 次印刷

□书　　号　ISBN 978-7-5487-5321-6

□定　　价　78.00 元

前言

股权架构设计是每个公司在创立和经营过程中都必须面对的问题。公司股权架构研究，简单来说，就是研究如何将物质资本和人力资本相结合，通过股权架构设计、股权分配与股权激励，将创业者、合伙人、核心员工、外部投资者等利益相关者的责任、权利和利益联结在一起，创造共创、共享、共担的顶层设计，让更多的人为企业创造更大的价值，并体现价值。如果股权架构设计、股权分配、股权激励等方面没有处理好，就可能给公司运营埋下很多隐患。本书在结合具体案例的基础上对股权架构的相关问题进行了相应阐述，对股权结构的完善提出了相关建议。

全书共分为六章，第一章是公司与股权相关知识的阐释；第二章是公司股权设计基本战略，对公司股权设计的阶段和类型、公司股权设计的基本原则、公司股权设计的方法进行了深入分析；第三章是股权结构与治理设计及股权动态规划，主要从股权结构与治理设计、股权布局动态规划两方面简要阐述；第四章是公司股权变动及相关法律问题，分析了基于法律行为发生的股权变动和非基于法律行为发生的股权变动，探讨了股权变动的模式与效力、股权变动的法律限制；第五章是公司股权激励设计及相关法律问题，从股权激励概述、公司股权激励设计、股权激励方案实施的案例分析、公司股权激励存在的法律问题、公司股权激励法律保护的完善五个方面探讨了股权激励的设计；第六章是双重股权结构及相关法律问题，阐述了双重股权结构的相关知识，对双重股权结构的合理性及在我国的适用性进行了探讨，分析了双重股权结构的法律问题，并对双重股权结构制度的构建及完善提出了建议。

本书在撰写过程中参考了一些专家、学者的研究成果和著作，在此表示衷心的感谢。由于时间仓促、作者水平有限，不足之处在所难免，恳请广大读者、专家予以批评指正。

前言

目录

第一章　公司与股权相关知识

第一节　企业法人的含义

日常生活中，大多数的“非法律人”谈到“法人”一词时会认为“法人”是指公司的法定代表人，但法律意义上的“法人”并不是指企业的“法定代表人”，而是指公司本身。《中华人民共和国公司法》（以下简称《公司法》）第三条规定：“公司是企业法人，有独立的法人财产，享有法人财产权。公司以其全部财产对公司的债务承担责任。有限责任公司的股东以其认缴的出资额为限对公司承担责任，股份有限公司的股东以其认购的股份为限对公司承担责任。”这条规定以极为简短的91个字拟制了公司独立人格地位的同时，也规定了股东的有限责任承担模式。法人拟制和有限责任是现代公司制度的基础，公司制度的设立被很多学者誉为当代最伟大的发明创造。

一、公司的人格拟制

公司的人格拟制，是一种将自然人的一些人格特征赋予公司这个社会组织的法律技术。比如说，自然人的人格中有一个特征就是自然人的意志能力，拥有意志能力使得自然人能够对自己的行为有一个判断，对自己的行为结果有一个预期；而公司独立地位的取得，代表了公司通过股东会、董事会等议事规则形成并具有了自己的独立意志。此外，法律也将自然人其他一些特征赋予了公司，如姓名、住所等。独立的人格拟制，实际上就是形成了一个将投资人和公司人格区分开的事实。我们认为这种区分正是《公司法》及现代公司制度的核心所在：通过法律人格的拟制，构建了公司和股东之间两个不同的人格、两种不同的权利行使方式及两种不同的责任承担方式，互不混同。这种区分使得公司变为一个独立的主体，为公司的自我发展奠定了基础，为与陌生人合作提供了一种可能。而塑造公民企业，也使得公司为相关利益者创造了更多的价值。不同于自然人，从理论上来说，公司这个法律拟制的具有独立人格的组织有着无限期的生命。世界上也不乏拥有百年历史、时至今日依旧具有无限生命力的公司。例如，美国的杜邦公司，成立于1802年，今天在化工行业依旧有着巨大的影响力；美国的宝洁公司，成立于1837年，现在仍然是世界上最大的化学日用品公司，SK-II、OLAY、飘柔、海飞丝、潘婷、沙宣、舒肤佳都是其旗下的子品牌，影响着人们的生活；德国西门子股份公司，创立于1847年，直到今天依然是全球电子电气工程领域领先的技术企业；瑞士雀巢集团，成立于1867年，今天依然是全球最大的食品制造商……像这样的百年企业还有很多，正是因为公司有着独立的人格，哪怕股东变更交替，公司都能依据自己的独立意志得以持续发展。

二、股东有限责任的承担方式

在现代公司制度设立之前，投资者和企业之间在人格、权利、责任上没有区分，特别是没有责任承担方式上的区分，这使得人们在交易过程中大多以个人全部财产来承担无限连带责任。这样的承担方式虽然有利于责任的追溯，但是无限连带的责任承担模式使得商人对于较高风险的项目和商业模式保持一种极为谨慎的态度。随着两次工业革命的开展，大量的发明创造涌现。当时的情况和今天由互联网带来的创业潮极为类似，有大量的发明家和创业者希望将个量的发明变成批量的商品，但是这个过程需要大量的资金和商业运作的支持，所以当时工匠出身的发明家和创业者也极为渴望得到天使轮、A轮、B轮等的融资。这一方面是出于创业者对资金的渴望，另一方面是由于发明创造的商品化过程需要投入的资金体量极大，而其市场前期又存在极大的不确定性，如果采用无限连带的责任承担模式，那么在极大的风险系数面前是鲜有人愿意铤而走险资助这些工匠发明的新事物的。商法的制定并不是闭门造车，而是来源于对商事行为的总结。在19世纪中后期至20世纪初，情况发生了变化，这一时期西方主要的资本主义大国，特别是英国、德国和美国陆续颁布了法律，确定了股东的有限责任，这一举措极大地鼓励了投资，促进了资本的集聚。正如20世纪初美国哥伦比亚大学校长巴特尔（Butler）所言，有限责任形态的公司乃当代最伟大的创举，以至于蒸汽机和电子的发明也无法与其媲美，没有有限责任形态的公司，蒸汽机和电子就会无所作为。

三、滥用法人地位的法律风险

公司独立人格的拟制和股东有限责任的确立不是为了打造一个逃避债务

的避风港，如果不能正视公司的独立人格，股东的有限责任就会得到一些否定性的法律评价。“刺破公司面纱”又叫作法人人格否认制度，是指公司股东为逃避法律义务或责任而违反诚实信用原则，滥用法人资格或股东有限责任，致使债权人利益严重受损时，法院有权判令该股东直接向公司债权人履行法律义务，承担法律责任。《公司法》第二十条规定了公司股东应当遵守法律、行政法规和公司章程，依法行使股东权利，不得滥用股东权利损害公司或者其他股东的利益，不得滥用公司法人独立地位和股东有限责任损害公司债权人的利益；公司股东滥用股东权利给公司或者其他股东造成损失的，应当依法承担赔偿责任；公司股东滥用公司法人独立地位和股东有限责任，逃避债务，严重损害公司债权人利益的，应当对公司债务承担连带责任。这为“刺破公司面纱”制度在我国的司法实践提供了法律依据。

在实践中该制度应分为两种情形。第一种是公司控股股东滥用公司法人人格，存在转移资金、恶意逃避债务等行为，使公司形骸化，丧失独立承担责任的基础。该情形应适用法人人格否认制度，可依据《公司法》第二十条的有关股东与公司人格混同的规定判令股东与公司承担连带责任。第二种是关联公司之间的法人人格混同，即公司与另一个存在某种特殊关系的公司之间出现了财产、经营范围、组织机构等方面的混同，且这种混同情形侵害了债权人的合法利益。对此，法律目前尚无明确的具体规定，但实践中可以灵活使用《公司法》法人人格否认理论，以及民法理论中的诚实信用、公平正义等理念来确定一公司对其关联公司的债务承担连带责任。

第二节　股权与公司财产权

“股权”是股东权利的简称。《公司法》第四条规定，公司股东依法享有资产收益、参与重大决策和选择管理者等权利。

一、股权的内容

（一）股东获取经济利益的权利

股东获取经济利益的权利典型地体现为股东所享有的受益权。股东受益权的内涵与会计学上的所有者权益是一致的。股东向公司投入资本的目的就是获取投资回报，而受益权则是这种投资回报在法律上的体现，具体、集中表现为股东在公司运营过程中所享有的分配股利和在公司清算时所享有的分配剩余财产的权利。

（二）股东参与公司经营管理的权利

在现代公司架构下，公司的所有权和经营权原则上是分离的，股东作为公司的所有者并不直接参与公司的经营管理，因此，其享有的经营管理权是间接的，即通过股东会集体行使权利。这就决定了股东参与经营管理的权利集中、典型地体现为表决权的享有与行使。

股东参与公司经营管理的权利实际上是对参与公司重大决策权利和选择管理者权利的概括。公司经营管理实际上由公司董事会及公司管理层具体负责，因此，股东的经营管理就主要限于行使参与重大决策权利和选择管理者权利，并以此间接实现对公司的控制。

二、股东作为投资者按投入公司的资本额享有股权

《公司法》中有一条重要原则，就是股权平等原则。股权平等原则实质上体现为资本平等原则，即按照股东投入公司的资本享有和行使权利。

股权平等原则在受益权方面表现为，公司分配股利或者分配剩余财产时，原则上按照股东的出资比例或者所持有的股份进行。例如，甲、乙两人设立 A 公司。甲认缴出资 80 万元，实缴出资 20 万元，持有 A 公司股权比例为 80%；乙认缴出资 20 万元，全部实缴完毕，持有 A 公司股权比例为 20%。公司在经营年度末进行分红时，可供分配的红利共计人民币 100 万元。那么，股东甲与股东乙应当按照实缴出资比例，即 50% : 50% 分取红利，股东甲和股东乙可分取的红利均为人民币 50 万元。同理，在公司新增出资时，股东甲和股东乙均有权按照实缴出资比例，即 50% : 50% 优先认缴出资。

但股权平等原则在受益权方面也存在例外情形。根据《公司法》有关规定，在公司分配利润或者发行新股时，允许全体股东约定不按照出资比例分取红利或者不按照出资比例优先认缴，在优先认缴的过程中，股权与公司财产权是同时产生的，都是投资产生的法律后果。股东失去了出资财产的所有权，取得了公司的股权；同时，股东在其享有股权（或股份）的范围内，对公司享有所有权。例如，在上例中，股东甲通过出资 80 万元，取得了 A 公司 80% 的股权，在股东甲完成出资后，80 万元即为 A 公司所有，成为 A 公司的财产，而股东甲则以其出资向公司行使股东权利。

三、股权是公司财产权的内核和灵魂

在通常情况下，股权决定公司财产权，公司财产权的转移往往以股权转让的形式进行。譬如，在公司并购过程中，不可避免地涉及被并购公司财产权的整体转移，公司并购在本质上是被并购公司全部股权被整体转让给并购公司或其股东。但是，在公司独立承担民事责任时，公司法人却无须经过股东会的批准或认可。譬如，公司因未及时偿还债务而被债权人提起民事诉讼，人民法院经审理判令公司承担限期偿还所欠债务的民事责任，这时无论公司股东会是否批准或认可，公司均应承担判决结果所确定的民事责任。

四、股权与公司财产权的区别

股权与公司财产权的区别可以概括为：第一，股权的权利主体是股东，而公司财产权的权利主体则是作为独立法人的公司，两者人格不可混同，否则难免被“刺破面纱”。第二，公司财产权指向的客体是公司财产，而股权指向的客体则应是公司。第三，两者的内容差别较大。股权的内容包括自益权和共益权。自益权包括股息和红利分配请求权、剩余财产分配权等，多为财产性权利。共益权包括表决权、质询权、派生诉讼权等，多为非财产性权利。这些权利均属股权的权能，非独立权利。公司财产权的内容包括所有权、他物权、债权、无形财产权以及对外再投资形成的股权等，均为财产性权利。

第三节　股东协议与公司章程

一、股东协议阐释

股东协议，顾名思义，即股东之间就某些事项达成一致而作出约定所订立的协议。由于其实质上属于一个无名合同，所以在其权利义务约定上具有一定的自主性和灵活性，而这正是股东协议的一个巨大优势。股东协议是现在比较流行的股权设计载体，其性质类似于出资人之间的合作合同，不需要向工商行政管理部门进行备案，所以在制定的时间和程序上较为灵活，只需订立合同的全体当事人一致同意即可，可以在公司成立之前订立，也可以在公司成立之后订立。而其在内容的设置上也较为灵活，只要全体股东签字认

可，可以适当突破《公司法》的限制，将诸如劳务补偿、预留股权等条款内容在其中加以设置。其具有一定的灵活性，使得股东协议在有效解决复杂的公司治理问题的同时，也节省了公司日常治理实践的时间成本。

（一）股东协议的应用场景

首先，如果一家公司具有股东人数众多、股权结构复杂及公司的营业范围广泛而不确定等特征，那么股东协议的灵活性和自主性就能得以有效地发挥。以出资方式为例，《公司法》规定，股东可以以货币、实物、知识产权、土地使用权等多种方式出资，而每一位股东的出资方式并不受限制。

其次，随着公司的发展，公司的股权结构会不断发生变化，譬如老股东的退出、新股东的加盟，再如出资额的增减、出资方式的变更、出资资产的价值评估等，都是这种复杂性的不断演绎。治理不断走向复杂，但这还远未到极致，我们还必须考虑到公司面临的市场竞争、来自消费者的影响，以及宏观政策调控等。问题的关键不在于存在众多的影响因素，而在于这些因素的影响具有高度不确定性，如环保政策对企业能源消耗的影响，再如某一品牌的产品质量事件引发全行业品类的信任危机，这些不确定性在当前社会转型时期极易被触动诱发。联系到股东利益上，解决这些问题仅依靠《公司法》、公司章程，无疑会有些力不从心。可以说，《公司法》及公司章程等都只能关注常态，而股东的个性化需求、应急管理以及一些未雨绸缪的事宜，则应当交由股东协议负责。

最后，在公司投融资环节中，相关对赌条款的安排也大都体现于股东协议当中。根据前文所述，一般在公司投融资环节中，根据相关的判例判定投资人与公司进行的有关业绩补偿、股权回购的条款是否无效，因此投资人为保障利益，通常在签订相关投资协议的同时，需要和原股东签订股东协议以明确相关对赌条款，保证其投资利益。

（二）股东协议与公司治理

众所周知，有限责任公司更为注重人合性而非资合性，因此，大小股东之间的利益博弈与企业的命运有着更紧密的联系。上市公司的中小股东能保持“理性冷漠”的一个重要原因是其可以“用脚投票”，而有限责任公司的退出机制在立法层面则困难得多。所以，尽管有股东派生诉讼等手段可以保证中小股东的利益，但并不能解决在出现公司僵局、大股东主导控制却不违法等情况下中小股东的利益诉求问题，譬如优先购买权及利润分配问题等。

而基于这些事项的复杂性及可能的机密特性，公司章程并不能发挥多大作用，可以依靠的便是股东协议了。

从交易成本看，股东协议与《公司法》、公司章程等都具有节省交易成本的作用。不过，《公司法》与公司章程可以有效节省企业事前的交易成本，而对事中及事后出现的一些问题却作用有限或者无法着力。股东协议由于具备高度的灵活机动性和股东的同心协力效力，不论是在信息搜寻、谈判决策还是监督协议的执行上，都能保持良好的效率，这是其独到之处。人们在谈及股东治理问题时，多将注意力聚焦于限制大股东、保护中小股东利益方面，但中小股东尤其是上市公司的中小股东，其本身参与公司治理的积极性是存在疑问的。中小股东更关注短期的投资收益，相比之下，部分大股东却更关心企业的长期价值。以利润分配协议为例，中小股东与大股东之间可能会达成在任何经营情况下均要求分配红利的协议，但当公司处于亏损状态时，这种协议就会损害大股东、企业的整体利益。基于其灵活自治的特点，股东协议还可以重新调整公司的表决权制度（如表决权与股权不相关联、特定事项特定表决等）、董事选任制度（如董事提名权、薪酬制度等）、管理层的选任与监督事项（包括自身参与经营管理或担任监事等）。如此，股东协议便可以将股东的意志切实贯彻执行到股东董事会、监事会、管理层等各个主体身上，使这些主体能围绕股东的价值追求而实现步调一致。当然，这并不是说股东协议能够解决一切问题，毕竟，股东协议所涉事项的范围及达成协议的可能性都是有限的。

二、公司章程阐释

（一）公司章程的自治空间

公司章程是实现股权设计的另一载体，因为《公司法》对公司章程的内容及其法律效力、变更方式都有明确的规定，所以在制定章程的时间和程序上并没有股东协议那么灵活。而且公司章程需要去工商行政管理部门进行备案，虽然《公司法》多处规定了公司章程在某些问题上可以另行约定内容，如有限责任公司的分红比例、表决比例、董事会与监事会的职权等，但很多公司甚至没有认真地设计过自己的公司章程。

实际上，公司章程作为股权设计的载体之一，其在实现股东控制权上有一些无可比拟的优势，如修改变更的方式。《公司法》规定三分之二以上表决同意的即可修改公司章程，这与股东协议的变更方式不同。因为根据这种修改方式，大股东可以较好地实现自己的控制权而不受小股东的干预，而如果像股东协议那样需要经过全体股东一致同意方可进行变更的话，那么在修改股东协议的问题上，大小股东拥有同样的权利，不利于大股东控制权的实现。

《公司法》给了股东足够的自治空间，表现为尊重股东通过公司章程贯彻自治原则。《公司法》及其司法解释共计 11 大类 35 处直接授权公司章程作出约定的条款，具体如下。

1. 公司登记中的自治范围

《公司法》第十二条："公司的经营范围由公司章程规定，并依法登记。"

《公司法》第十三条："公司法定代表人依照公司章程的规定，由董事长、执行董事或者经理担任，并依法登记。"

2. 公司对外担保的自治范围

（1）有限责任公司对外担保的自治范围

《公司法》第十六条："公司向其他企业投资或者为他人提供担保，依照公司章程的规定，由董事会或者股东会、股东大会决议；公司章程对投资或者担保的总额及单项投资或者担保的数额有限额规定的，不得超过规定的限额。"

（2）股份有限公司对外担保的自治范围

《公司法》第一百零四条："本法和公司章程规定公司转让、受让重大资产或者对外提供担保等事项必须经股东大会作出决议的，董事会应当及时召集股东大会会议，由股东大会就上述事项进行表决。"

3. 股东出资缴纳义务的自治范围

（1）有限责任公司股东出资缴纳义务的自治范围

《公司法》第二十八条："股东应当按期足额缴纳公司章程中规定的各自所认缴的出资额。"

（2）股份有限公司股东出资缴纳义务的自治范围

《公司法》第八十三条："以发起设立方式设立股份有限公司的，发起人应当书面认足公司章程规定其认购的股份，并按照公司章程规定缴纳出资。"

《公司法》第九十三条："股份有限公司成立后，发起人未按照公司章程的规定缴足出资的，应当补缴；其他发起人承担连带责任。"

4. 公司分红及优先认购权的自治范围

（1）有限责任公司分红及优先认购权的自治范围

《公司法》第三十四条："股东按照实缴的出资比例分取红利；公司新增资本时，股东有权优先按照实缴的出资比例认缴出资。但是，全体股东约定不按照出资比例分取红利或者不按照出资比例优先认缴出资的除外。"

（2）股份有限公司分红及优先认购权的自治范围

《公司法》第一百六十六条："公司弥补亏损和提取公积金后所余税后利润，有限责任公司依照本法第三十四条的规定分配；股份有限公司按照股东持有的股份比例分配，但股份有限公司章程规定不按持股比例分配的除外。"

（3）公司分红及优先认购权的自治范围的合理限制

《最高人民法院关于适用〈中华人民共和国公司法〉若干问题的规定（三）》第十六条规定："股东未履行或者未全面履行出资义务或者抽逃出资，公司根据公司章程或者股东会决议对其利润分配请求权、新股优先认购权、剩余财产分配请求权等股东权利作出相应的合理限制，该股东请求认定该限制无效的，人民法院不予支持。"

5. 股东表决权的自治范围

（1）有限责任公司股东表决权的自治范围

《公司法》第四十二条："股东会会议由股东按照出资比例行使表决权；但是，公司章程另有规定的除外。"

（2）股份有限公司股东表决权的自治范围

《公司法》第一百零五条："股东大会选举董事、监事，可以依照公司章程的规定或者股东大会的决议，实行累积投票制。"

6. 股东会的自治范围

《公司法》第三十七条："股东会行使下列职权：……（十一）公司章程规定的其他职权。"

《公司法》第三十九条："股东会会议分为定期会议和临时会议。定期会议应当依照公司章程的规定按时召开。"

《公司法》第四十一条："召开股东会会议，应当于会议召开十五日前通知全体股东；但是，公司章程另有规定或者全体股东另有约定的除外。"

《公司法》第四十三条："股东会的议事方式和表决程序，除本法有规定的外，由公司章程规定。”

《公司法》第一百条：“股东大会应当每年召开一次年会。有下列情形之一的，应当在两个月内召开临时股东大会：……（六）公司章程规定的其他情形。”

7. 董事会 / 执行董事的自治范围

《公司法》第四十四条：“董事会设董事长一人，可以设副董事长。董事长、副董事长的产生办法由公司章程规定。”

《公司法》第四十五条：“董事任期由公司章程规定，但每届任期不得超过三年。”

《公司法》第四十六条：“董事会对股东会负责，行使下列职权：……（十一）公司章程规定的其他职权。”

《公司法》第四十八条：“董事会的议事方式和表决程序，除本法有规定的外，由公司章程规定。”

《公司法》第五十条：“股东人数较少或者规模较小的有限责任公司，可以设一名执行董事，不设董事会。执行董事可以兼任公司经理。执行董事的职权由公司章程规定。”

8. 监事会 / 监事的自治范围

《公司法》第五十一条：“监事会应当包括股东代表和适当比例的公司职工代表，其中职工代表的比例不得低于三分之一，具体比例由公司章程规定。”

《公司法》第五十三条：“监事会、不设监事会的公司的监事行使下列职权：……（七）公司章程规定的其他职权。”

《公司法》第五十五条：“监事会的议事方式和表决程序，除本法有规定的外，由公司章程规定。”

《公司法》第七十条：“国有独资公司监事会成员不得少于五人，其中职工代表的比例不得低于三分之一，具体比例由公司章程规定。”

《公司法》第一百一十九条：“监事会的议事方式和表决程序，除本法有规定的外，由公司章程规定。”

9. 高级管理人员的自治范围

《公司法》第二百一十六条：“高级管理人员，是指公司的经理、副经理、财务负责人，上市公司董事会秘书和公司章程规定的其他人员。”

《公司法》第四十九条：“公司章程对经理职权另有规定的，从其规定。”

10. 股权变动的自治范围

（1）有限责任公司股权变动的自治范围

《公司法》第七十一条：“公司章程对股权转让另有规定的，从其规定。”

《公司法》第七十五条：“自然人股东死亡后，其合法继承人可以继承股东资格；但是，公司章程另有规定的除外。”

（2）股份有限公司股权变动的自治范围

《公司法》第一百四十一条：“公司章程可以对公司董事、监事、高级管理人员转让其所持有的本公司股份作出其他限制性规定。”

11. 其他的自治范围

《公司法》第一百六十五条：“有限责任公司应当依照公司章程规定的期限将财务会计报告送交各股东。”

《公司法》第一百六十九条：“公司聘用、解聘承办公司审计业务的会计师事务所，依照公司章程的规定，由股东会、股东大会或者董事会决定。”

《公司法》第一百八十条：“公司因下列原因解散：（一）公司章程规定的营业期限届满或者公司章程规定的其他解散事由出现。”

（二）公司章程的工商备案处理

《公司法》赋予了股东在公司章程中在一定范围内进行自治的权利，但是在实践当中，通常工商行政管理部门并不会为公司股东自己草拟的章程进行备案，而要求公司使用工商行政管理部门的章程格式文本。公司在设立阶段的首份公司章程需要在公司登记之时生效，即在工商登记部门向公司签发营业执照之时生效。而后修改的公司章程在符合法定的修改条件之后即发生效力，《公司法》第十一条虽然只规定公司章程对公司、股东、董事、监事公司高级管理人员具有约束力，但是公司外部的第三人对于备案的公司章程可以信赖其合法效力，该信赖利益应受到法律的保护。

因此笔者建议，如果公司自己设计了相应的章程内容，就要尽最大努力去工商行政管理部门完成备案登记。如果工商行政管理部门依旧不能备案，那么有两种解决方式：第一种方式是向法院对工商行政管理部门提起行政诉讼，要求其就相关章程备案；第二种方式是在工商行政管理部门备案其章程格式文本后，立即召开股东会，修改相应的公司章程。

第二章　公司股权设计基本战略

第一节　公司股权设计的阶段和类型

公司的发展可以简单地分为初创期、成长期、扩张期、成熟期和上市期五个阶段。在公司发展的不同阶段，创业者都会面临公司股权设计问题，包括公司发展过程中出现的并购、重组、重整及合伙人退出等一系列问题，这些都离不开完善、合理的股权设计。

一、初创期的股权设计问题

（一）合伙人股权的进入机制

合伙人是公司最大的贡献者，也是主要参与分配股权的人。合伙关系是接近于婚姻关系的长期关系的深度绑定。合伙之后，对于公司的大小事情，合伙人之间都得进行商量，重大事件甚至还得合伙人一致同意。公司获得的每一分利润，不管是否和合伙人直接相关，大家都应按照事先约定好的股权比例进行分配。这样就能防患于未然，以免因事前无协商导致“分钱不均”而反目成仇。

（二）合伙人股权的退出机制

1. 提前约定退出机制管理好合伙人预期

合伙人取得股权，基于其长期看好公司发展前景，愿意长期共同参与创业。合伙人早期拼凑的少量资金，并不是合伙人所持大量股权的真实价格。股权的主要价格是所有合伙人与公司长期绑定（比如 4 年），通过长期服务公司去赚取股权。如果不设定退出机制，允许中途退出的合伙人带走股权，那么这样对退出的合伙人是公平的，但对其他长期参与创业的合伙人却是非常不公平的，其他合伙人也没有安全感。

2. 游戏规则落地

在一定期限内（比如 1 年之内），约定股权由创始股东代持；约定合伙人的股权和服务期限挂钩，股权分期成熟（比如 4 年）；股东中途退出，公司或其他合伙人有权溢价回购中途退出合伙人未成熟甚至已成熟的股权；对于中途退出不交出股权的行为，为避免司法执行的不确定性，约定中途退出不退股须支付高额的违约金。

二、成长期（引入投资阶段）的股权设计问题

公司早期要引入天使资金，会面临股权融资设计问题。创业者如果有幸被天使投资人“相中”，并且天使投资人确定了投资意向，表示创业者的团队已经通过了“尽职调查”的考验。这意味创业者的行业背景、成长潜力、团队管理以及个人品质等都得到了天使投资人的认可。那么，接下来创业者应该做什么呢?

（一）签订投资意向书

天使投资人确定投资意向时，首先会邀创业者签署一份投资意向书。投资意向书一般不会设置得太过复杂，它只是天使投资人与创业者之间的一份保密或排他的协议。投资意向书虽然不涉及投资的具体条款，但它却是万事的开端，有了意向书作为基础，后续的谈判才能稳步进行。

（二）确定公司估值：着眼于未来

创业公司能得到天使投资人的垂青，其本身的价值、发展潜力是重要的考评因素。因此，对公司的评估是天使投资人首先要和创业者谈论的话题。通过评估，天使投资人可以了解公司目前的价值以及未来的收益增长。在评估时，创业者不仅需要将公司目前所有的资产、优良项目、运营模式等充分展现给天使投资人，更需要让天使投资人了解公司未来的增值点、预期以及潜在的资本回报。

（三）慎重设计交易结构

确定好公司估值后，双方就要对投资过程中的交易结构进行逐条设计。所谓交易结构，就是协议双方在实现最终利益归属时的一系列安排。

天使投资的本质是股权融资，交易结构的设计会影响公司股权架构的变

化。尤其是天使投资人在设计交易结构时会使用可转换优先股、可转换债券等条款，这些条款是站在投资人的角度，为保障投资人利益而设置的。虽然说，天使投资人在入股后会成为公司的小股东，不作为公司的实际控制者，其需要设置一定的利益保护条款也无可非议。但是创业者在谈判这些条款的时候，一定要弄清楚每个条款背后的意义以及可能涉及的最坏的结果，并对结果进行评估，避免融资影响公司未来的股权架构，甚至导致创始人丧失对公司的控制力。

（四）先确定投资细则，后签署协议

签订了投资意向书，还需签署投资协议。投资意向书只是天使投资人抛出的一根橄榄枝，这根橄榄枝的作用仅仅是告诉创业者，“我想投资你，并且你得为这事保密，在我们还没把这事谈妥的这段时间，你不许接其他人的橄榄枝”，仅此而已。而投资协议才是真正能够约束双方一系列投融资行为的法律文件：当天使投资人和创业者在估值和交易结构这两大块都差不多达成共识后，就需要为签署一份正式的投资协议而逐条谈判了。投资协议的一般条款只要双方协商确定各自权利义务即可，但在此需要注意以下几点。

1. 管理层结构变化

天使投资人入股进入公司，很少会有只投钱不管事的。一般天使投资人会要求拥有一定的管理权，这样就会涉及公司管理层结构的变化。在这一方面创业者需要特别注意，并且与天使投资人就管理权进行严格、明确的约定，避免权限不明造成纠纷。

2. 是否存在对赌协议

很多投资人在投资时会选择加入一些对赌性质的条款，用来保护自身的利益。例如，公司经营达到某一业绩标准时，创业团队可以行使某种权利，而达不到这一业绩标准时，投资人便可以行使另一种权利。面对这样的条款，创业者需要慎重考虑。虽然现在的创业公司发展迅猛，但需要从实际情况综合考评是否能够达到协议要求。一旦对赌失败，就只能执行对赌失败的约定。

3. 期权池的设立

期权池是指公司为了将来激励员工、留住人才实施股权期权激励方案而

事先预留出来的部分。有些天使投资人在投资之前会要求创业公司设立期权池。对于投资者而言，先设立期权池再投资，投资后其股权没那么容易被稀释；对于创业者而言，如果没有在公司成立之初就设立期权池，那么在融资时如果被要求设立，就可以设立一个相对小的期权池，并且可以和天使投资人约定，如果将来有 VC（风险投资）、PE（私募股权投资）进来，要求把期权池扩大，扩大时双方股权同比稀释。

4. 退出机制

投资的本质是要让钱增值后再变现，因此天使投资人会比较注重有关退出的条款。一般的退出方式有 IPO（首次公开上市）、并购、收购、公司回购以及破产清算。IPO 及破产清算在投资协议中并不需要作特别约定，只要根据《公司法》的内容约定即可，创业者要针对并购、收购以及公司回购这些情形和天使投资人商议明确具体的退出方式。并且，创业者可以在投资协议中设置相应的违约条款，防止天使投资人中途撤资。

三、扩张期的股权设计问题

如果公司度过了种子期（危险期），已经到了成长初期，也有了 20 多名员工了，需要中层管理人员和重要技术人员与公司长期走下去，就会面临在公司发展期的股权激励问题了。很多创业者设计股权激励方案的时候，往往容易带着绩效考核的思想，担心股份给多了，又担心不给股份其他员工会有意见。其实，股权激励和绩效考核有着天壤之别。

第一，股权激励的基数是正常情况下努力就能达到的，只要超过基数，大部分是被激励人的，而绩效考核的基数往往不是轻易就能达到的，即使达到了拿到的也是一小部分。

第二，股权激励充分放权给利润中心负责人，让利润中心负责人找到模拟老板（类似承包）的感觉，而绩效考核让利润中心负责人找到被管理的感觉。

第三，股权激励基数一般两年不变，让利润中心负责人放手去干，而绩效考核指标每年都变，结合上年，规划来年，让被激励人不能放开了去干。股权激励重在激励少数人，用股权激励将员工的切身利益与企业的经营业绩联系起来，采取股票期权计划、职工持股和参股计划等措施，能够让处于这个岗位上的人找到当老板的感觉，使其开源节流，控制费用，增加收入。

四、成熟期的股权设计问题

公司到了成长的中后期，会招兵买马、“跑马圈地”，加速扩展，需要引入 A 轮、B 轮、C 轮、D 轮投资直到 Pre-IPO 轮投资。企业上市时，会面临股权如何稀释的问题，那么怎么去平衡各方的利益呢?

创业股权考虑多轮股权融资，随着创业公司逐步成长，其发展可能会遇到几种情况：有些资本方会在初创期、成长期等不同时期退出，从而需更换新的资本方；公司需要通过多轮股权融资解决公司发展过程中的资源与能力不足的问题；公司需要再吸纳核心人才和其他资源。因此，创业企业在进行股权设计时要考虑到未来股权架构，一方面要给未来人才预留新增股份，另一方面要考虑多轮融资中新资本方进入带来的股权架构变化。

五、上市期（公司挂牌或上市后）的股权设计问题

如果公司已经上市了，体量也很大了，可能就需要把大公司分成很多模块去做小、做细，比如，很多上市公司分拆子公司在新三板挂牌融资；把老企业做新、做活，比如，传统上市公司去并购影视传媒公司。不管是在新三板市场上的定向增发还是上市公司的并购（现金加股份支付对价），都会面临公司股权架构重新设计的问题，在此就不展开论述了。

第二节 公司股权设计的基本原则

任何好的设计一定都有一个原则，股权也是。在这个原则框里，填充自己企业的血肉，才能形成一个完美的股权设计。在此，我们提出以下五项基本原则。

一、股权比例适当原则

（一）起初不要给资源承诺者大量股权

创业时，企业迫切需要可以带来营业收入的直接资源。创业者可能没有慎重考虑就拿公司的股权去交换对方承诺的资源，但是承诺的资源不一定能够兑现。创业公司的价值需要整个创业团队长期投入时间和精力去实现，因此对于那些非全职参与创业的资源承诺者，不要一开始就释放给他过多的股

权，建议优先考虑项目提成，谈利益合作，一事一结，而不是通过股权长期深度绑定。

（二）创业初期，不要简单地按照各自出资比例分配股权

企业的利润主要是靠人才创造的，初始的启动资金在创业之初非常重要，但是当企业发展到一定阶段，资金的获得就不再是问题了，此时人才变得非常重要。让有能力的合伙人给无能力的合伙人打工，是不能长久的。而且公司这样的股权架构，想引进 PE、VC 等财务投资人也是很难的，因为他们会觉得你的团队有不稳定因素。

（三）不宜给兼职人员过多的股权

创业有风险。某一创业人士讲到他们的团队共有十个人，目前四个人全职创业，还有六个人在大公司打工，只是兼职创业，等时机成熟了再全职参与。建议公司不要一开始就给予这些兼职人员较多的股份，因为这类人即使水平再高、技术再好，他们还没有破釜沉舟的决心，给自已留有后路，能否最终加入创业公司还有很大的不确定性。可能一开始，兼职合伙人还断断续续参与公司的经营，过一段时间可能会参与得越来越少，半年后，其热情消退，就可能基本停止参与了，这样一来公司得不偿失。建议对那些对公司很重要的高端兼职技术人员，可以首先发放期权，等到兼职人员全职参与公司经营后才让其行权。

（四）不要过早用普通股权激励早期的普通员工

早期普通员工流动性大，他们更关注涨工资而不是股权激励。对既有创业能力又有创业心态，经过初步磨合的合伙人，可以考虑给一些限售普通股并设计股权成熟期。但是，为早期普通员工发放普通股权是很不明智的。一方面，股权激励成本很高；另一方面，激励效果很有限。因为在公司创业早期，公司股权没有市场公允价格可以参考，就算给单个员工发 5% 的普通股权，也很可能达不到激励效果，甚至产生负面效应。员工很可能认为，公司是不想给他们发工资，通过股权来“忽悠”他们。但是，如果公司的股权有了一定的市场公允价格，或者风险投资投了钱并给了较高的估值后，再对员工进行股权激励，很可能 5% 的股权就可以解决所有普通员工的股权激励问题，而且激励效果会很好，因为员工自己手里的股权价值已经可以经过投资人的估值或按照市场公允价格直接估算出来。

二、明确公司内部角色原则

开始时公司有几种角色必须要清晰而明确——创始人、联合创始人、员工、外部投资人。创始人和联合创始人必须全职投入。

在一个创业团队中，既扮演出资人，又提供部分资源，有时候还协助处理公司事务的人，是最麻烦的。投资人不管帮助创业团队做了多少事，都是资本的增值部分，不能在投资人和创始人角色之间游移。

三、股权架构明晰原则

股权架构一定要明晰，不能特别复杂。创业公司的股权应该有三类：创始人的股权、员工的期权和投资人的股权。创始人可以出资也可以不出资，因为创始人是以过去的经验、资源以及未来对公司的全职投入作为条件来换得公司股权的，而且按照一般的股权投资规则，创始人出小钱或不出钱占大部分股份，投资人出大钱占小部分股份。

四、明确股权的权和利原则

股权有两个核心利益：第一是投票权，这是“权”；第二是利益分配，就是收益权，这是“利”。大家都竞争投票权，因为投票权决定分配权。例如万科，谁成为第一大股东，谁就有权改组董事会，改组经理层班子。

五、避免两种极端的股权架构原则

股权架构极端的情况有两种：一种是一股独大，最典型的就是家族企业，要么法律上只有一个股东，要么在法律上体现的是两个人，但其实是一家人；另一种是高度分散，例如华为全员持股。

一股独大带来的问题是实现不了生产资料的社会化。因为企业只有股权分散，获得融资并且上市，形成多元化的股权架构，才能称得上一个社会化企业。如果企业拒绝改制，拒绝开放股权，就很容易形成一个企业的天花板。因为资本进不来，先进理念进不来，人才进不来，就形成了一个封闭体系，这样的企业长不大。

比较理想的状态是，主导者能作为一个相对的大股东，在天使轮融资的时候要绝对控股，而且在股权不断稀释过程中，要保持相对控股权。如果个人不能保持相对控股的话，一定要让团队形成“一致行动人”，把投票权握在自己的手里，自己来决策。

第三节 公司股权设计的方法

一、股权设计的基本点

无论是创始股权设计、股权融资方案设计还是股权激励方案设计，一份合格的股权设计方案必须包含进入机制、议事机制和退出机制三个基本点。

（一）进入机制

进入机制的重要性不言而喻，现在创业者往往极为关注这个部分，因为进入机制的设计包含了股东出资的金额、出资的形式及出资的时间与周期。但是，很多创业者会忽视或未正确看待进入机制中的分红比例、表决比例等内容的设定。我们前面说过，股权是一个复合的权利，其中包含了自益权，比如要求公司提供出资证明、股份转让过户登记请求权、股息和红利分配请求权等。同时，股权也是一个共益权，比如出席股东会的表决权、股东会的召集请求权、任免董事和公司管理人员的请求权、查阅公司章程及簿册的请求权、要求宣告股东会会议决议无效的请求权、对董事或监事提起诉讼的权利等。因此，进入机制的好坏往往决定议事规则和退出机制能否有一个良态的运作。好的进入机制往往使得一份股权设计方案更具智慧，有四两拨千斤之功效。比如，《公司法》第四十二条规定，股东会会议由股东按照出资比例行使表决权；但是，公司章程另有规定的除外。这就为股权设计在表决比例方面的设计提供了一定的空间。如果在表决比例上不进行设计，仅按照《公司法》的规定以出资比例进行表决，那么一方为获取公司控制权就会投入大量的资本，使得获取公司控制权的成本尤其高。但如果参照“AB股”的设计模式，那么主要创业者在获取控制权上有四两拨千斤之效。

在进入机制中，除了对出资及分红和表决的比例进行设计，还有一个非常重要的内容就是对出资条件的确定。《公司法》第二十七条规定，股东可以用货币出资，也可以用实物、知识产权、土地使用权等可以用货币估价并可以依法转让的非货币财产作价出资；但是，法律、行政法规规定不得作为出资的财产除外。如果一个项目各个股东都是纯粹的出资人，那么在进入条件中仅需要对出资责任，即出资金额、时间、违约责任、赔偿责任等作出设定即可。目前，创业潮已经由热情回归于理性，加之经过数年的磨合，创业者和投资人之间的分工也日趋明确，形成了一定的默契，即初创团队负责将项目落地并进一步扩大，进而吸引投资人投资。越来越多的团队在股权设计中首要考虑的并不一定是资金问题而是资源问题，因此，股权设计中资源的整合就显得尤为重要，股权激励亦是如此。但事实上，往往很多项目中股东所提供的资源部分或全部是无法以货币进行衡量的，如管理劳务、渠道资源、专业知识等。在这种情况下，进入条件的设计就显得尤为重要。一个团队当中，每个成员所掌握的资源不同，为了促使项目的成功，团队之间需要明确各个股东的资源投入，在进入机制的设计当中需要对各个成员的资源投入进行细化和量化。资源投入与进入条件的细化及量化程度不仅是影响项目前期的进度和发展的重要因素，也是后期对股权进行调整的基础。

（二）议事规则

在早期的创业模式中，公司的控制权绝对掌握在控股股东的手里，控股股东除了掌握绝对控股比例，同时兼任公司的董事长或执行董事、总经理及法定代表人，其个人的意志直接代表公司的意志，因此不需要也不存在对议事规则进行设计。但伴随创业模式和创业理念的改变，特别是在由平等各方组成的创业团队中，即便团队中存在持有股权比例较大的大股东，在事项的决策上，尤其是在重要事项的决策上，仍需要各方进行讨论，而且随着创业者公司管理思维意识的逐步提高，公司相关机构及相关人员的“权责利”的分配也逐步为创业者所重视。在这种情况下，议事规则设计的重要性就得以凸显。

1. 公司三会一层的设计

公司议事规则的设计，主要从公司的三会一层出发，即公司的股东会、董事会和监事会，以及公司的高级管理层，如总经理、财务总监等。在设计的内容上，可以考虑从三会一层的职权、议事方式等方面着手。

关于三会一层的职权，《公司法》有详细而具体的规定，但是需要注意的是对股东会的职权设定。《公司法》第三十七条所列举的前十项股东会职权只能由股东会行使，将这些职权中的部分职权分散给董事会、执行董事或者高级管理层是违反《公司法》规定的。而对于股东会、董事会、监事会和公司的高级管理层，《公司法》规定了公司章程可约定其他职权，这为议事规则的设计提供了一定的空间。

2. 罗伯特议事规则

绝大多数的创业型公司和小微企业并未对公司的议事规则进行明确的规划和设计，遇到意见不合的情况，如表决机制约定得不合理，往往会使公司陷入僵局，从而导致公司出现不必要的危机。简单地说，罗伯特议事规则规定的就是一个开会的方法。罗伯特议事规则是美国适用范围最广的议事规则典范，已成为全球范围内组织治理与规则的蓝本。其中最著名的是其设定辩论规则，规定了民主的程序细节，本质上就是会议上的法治。罗伯特议事规则有极强的操作性，从美国国会到一般的企业都适用，甚至适用于中国的农村。罗伯特议事规则主要包括发言与辩论规则、表决规则、动议与修正案、程序动议、文件制度等。

3. 决策委员会

议事规则的设计并不仅仅体现在三会一层的设计上，针对一些特殊情况，企业还可以考虑设计决策委员会、决策辅助人等机制，灵活地提高公司的决策效力。

决策委员会的适用情况主要包括以下几种：第一，股东较多，表决权分散，不设立相关决策辅助机构难以形成决策；第二，一股独大，公司有一名绝对的控股股东，只有设立决策委员会才能科学地进行决策。决策委员会的设计要考虑以下几点：第一，要注意职权范围。决策委员会必须有明确的清单式的职权范围，避免因越权而产生纠纷。第二，要注意决策的高效性。因为决策委员会的设立很大程度上是为了增强决策的效力和科学性，其决策的事项通常不是公司的重大事项，但是具有一定的机遇性，所以在其决策上要注意高效性，尽量过半数通过即可。第三，要注意成员的专业性。由于决策委员会决策的事项追求一定的效率，且其决策也将最终由公司来承担后果，所以决策委员会成员的选择要注意考虑其专业性，尽可能邀请专家、律师、会计师等专业人才加入。

（三）退出机制

1. 退出机制的实现路径

《公司法》规定了四种股东退出的路径，即股权转让、减资、异议股东回购请求权、公司解散。

（1）股权转让

股权转让是一种较为灵活的退出方式，也是最常见的、最便捷的退出方式，是以股东对内或对外将股权转让给受让方，从而实现退出的。如果受让方是公司内部股东，那么可以自由转让，股东间有特殊约定的除外；如果是公司内部股东以外的第三方，按《公司法》第七十一条的规定执行："股东向股东以外的人转让股权，应当经其他股东过半数同意。股东应就其股权转让事项书面通知其他股东征求同意，其他股东自接到书面通知之日起满三十日未答复的，视为同意转让。其他股东半数以上不同意转让的，不同意的股东应当购买该转让的股权；不购买的，视为同意转让。"所以，股权转让在法律上没有障碍。《公司法》第七十一条第三款同时规定，公司章程对股权转让另有规定的，从其规定。这也为股权转让的设计提供了法律依据。考虑到股权转让的良好性和简便性，这种方式也是退出机制设计当中的首选。

（2）减资

这种退出方式是指公司减少注册资本来实现股东的退出，其实质是公司回购了退出股东的出资。这种方式的优点是其他股东不需要另行筹集股权的购买款，但前提是需要公司其他股东同意及配合，因为公司减资至少需要三分之二有表决权的股东同意。同时，公司减资的程序比较复杂，需要编制资产负债表、财产清单、公告，与债权人协商债务偿还或担保事宜等，并且公司减资还需要进行公告公示，其整个周期流程比较长。受制于上述原因，公司的减资退出方式适用于股东之间分歧较小且对外债务不多的公司。

（3）异议股东回购请求权

除了以转让股权、减资的方式退出，《公司法》第七十四条还规定了股东请求公司回购股权的退出方式。《公司法》第七十四条规定，有下列情形之一的，对股东会该项决议投反对票的股东可以请求公司按照合理的价格收购其股权：第一，公司连续五年不向股东分配利润，而公司该五年连续盈利，并且符合本法规定的分配利润条件的；第二，公司合并、分立、转让主要财产的；第三，公司章程规定的营业期限届满或者章程规定的其他解散事由出现，股东会会议通过决议修改章程使公司存续的。同时，该条规定：自股东会会议决议通过之日起六十日内，股东与公司不能达成股权收购协议的，股东可以自股东会会议决议通过之日起九十日内向人民法院提起诉讼。由此可见，《公司法》在公司回购股权的问题上，无论是在前提条件还是程序规定上都极为严格。

《公司法》规定一般情况下公司不得自持其股权，因此公司在回购股东股权之后又将进行减资程序，这又提高了这种退出方式的复杂程度。

（4）公司解散

从《公司法》的规定分析，股东在公司解散的情形下等同于取得了退出公司的法律效果，即在公司被依法解散的情形下，公司股东也可在依法履行相关清算程序后分配公司的剩余财产，从而达到退出公司的法律目的。解散公司的主要方式如下。

第一，根据公司章程规定或股东会会议决议解散公司。

《公司法》第一百八十条规定，公司章程规定的营业期限届满或公司章程规定的其他解散事由出现，或者股东会或股东大会决议解散时，公司可以解散。

《公司法》第一百八十六条第二款规定，公司财产在分别支付清算费用、职工的工资、社会保险费用和法定补偿金，缴纳所欠税款，清偿公司债务后的剩余财产，有限责任公司按照股东的出资比例分配，股份有限公司按照股东持有的股份比例分配。

可见，在公司依据公司章程或者股东会议决议而解散的情况下，公司股东实际达到了退出公司的法律目的。

第二，特殊情况下股东可申请人民法院强制解散公司。

《公司法》第一百八十二条规定，公司经营管理发生严重困难，继续存续会使股东利益受到重大损失，通过其他途径不能解决的，持有公司全部股东表决权百分之十以上的股东，可以请求人民法院解散公司。向人民法院提起强制解散公司诉讼，这种方式是在穷尽其他退出方式之后最后的救济方式，但是这种退出机制的前提条件限定得较为严苛，退出的时间周期较长，且这种方式将导致公司被注销，所以无论是从时间成本还是从损害后果来看，选择这种方式都需慎重考虑。

2. 退出机制的情形设置

退出情形的设计很好理解，就是触发股东退出机制的一些既定条件。退出情形的设计是整个退出机制实现的基础，不同的退出情形需要考虑不同的回购价格和回购方式，因此能否合法、合理、完整地约定退出情形，将直接影响到所设计的退出机制的功能性、操作性和安全性。

（1）法定退出情形

法定退出情形是指根据法律规定其应当退出的情形，如公司依法解散、股东死亡或其股权被法院强制执行等之后其将不再具有股东资格。

（2）约定退出情形

约定股东的退出情形，对退出情形的具体设定与进一步明确是退出机制设计的基础。在现实中每家公司的情况各不相同，因此所考虑的约定退出情形也不尽相同。我们在设置约定退出情形时通常会从两个角度进行考虑：一是股东的主动退出，二是股东的被动退出。

一般而言，当出现股东强制退出的情形时，通常是基于股东有过错或重大过失的行为。譬如，股东故意损害公司利益，触犯法律、违反职业道德、泄露公司机密、失职或渎职等行为严重损害公司利益或声誉时，可以强制股东退出。除此之外，常见的强制退出情形如下：股东因犯罪行为被追究刑事责任；具有《公司法》第一百四十七条、一百四十八条所规定的禁止行为拒不改正的。《公司法》第一百四十七条、一百四十八条规定了董事、监事、高级管理人员应当遵守法律、行政法规和公司章程，对公司负有忠实义务和勤勉义务等。董事、监事、高级管理人员不得利用职权收受贿赂或者其他非法收入，不得侵占公司的财产。董事、高级管理人员不得挪用公司资金；不得将公司资金以其个人名义或者以其他个人名义开立账户存储；不得违反公司章程的规定，未经股东会、股东大会或者董事会同意，将公司资金借贷给他人或者以公司财产为他人提供担保；不得违反公司章程的规定或者未经股东会、股东大会同意，与本公司订立合同或者进行交易；不得未经股东会或者股东大会同意，利用职务便利为自己或者他人谋取属于公司的商业机会，自营或者为他人经营与所任职公司同类的业务；不得接受他人与公司交易的佣金并归为己有；不得擅自披露公司秘密；不得做出违反对公司忠实义务的其他行为。

考虑到在股权设计方案制订时难以对所有的退出情形进行一个完整的罗列，因此我们在退出情形的设计上通常会赋予股东会解释和补充强制退出情形的权利，约定股东会有权认定其他的强制退出情形。在约定退出情形的方案设计中，我们基于对特殊情况的考虑，可以采取股东表决权一次性退出和分红权分期退出的方式，如部分股东因为工伤或退休根据相关协议约定不能继续持有公司的股权，但考虑到该部分股东特殊的退出原因及其为公司所做出的历史贡献，就可以采用这种退出方式。

由于股东强制退出是一种较为严苛的责任条款，所以在认定股东是否达到退出情形时需要极为谨慎。

3. 关于退出价格的设定

关于退出价格的设定，我们认为其需要与股东的退出情形相匹配。

（1）股东主动退出的情形下回购价格的确定

股东主动退出的最大限制条件是时间，因此在回购价格的设计上可以考虑根据时间来进行设置。如果股东之间约定好五年之内不能退出，那么在价格的设置上可以约定五年内按原价进行回购，超过五年可以按照其他较高的价格进行回购。那么这里的较高价格该如何确定呢？我们通常会推荐客户按照公司的估值、公司的净资产或者按照一定的年利率等进行计算，并按照各个价格孰高的原则确定最终的回购价格。

如果一家公司约定好五年之内股东不能退出，那么可不可以约定，如果股东在五年之内主动退出，按照低于原价甚至是进行零元回购呢？我们认为这种约定在原则上是不可取的，因为根据平等原则、公平原则、诚实信用原则的民法原则，我们在设计相应的股权回购价格时要考虑到一定的公平性和合理性。因此，如果设计极为不公的回购条款，一旦引发纠纷，就可能因为显失公平而被法院撤销相关的约定，从而适得其反。

但是如果公司在成立后经营不善，并且一直处在亏损的状态，这种情况该怎么办？如果让股东按原价退出，从某种意义上来说退出的股东还能避免相应的经营风险。其实这个问题很容易解决。按照前述满足相应期限根据各个价格孰高的原则确定回购价格的逻辑，在这种情况下也可以根据公司净资产、原价、公司估值按孰低的原则来确定相应的回购价格，并且如果股东退出给公司造成实际损失，也可按照约定要求其承担赔偿责任。

（2）股东被动退出的情形下回购价格的确定

前文提到，股东被动退出的情形大多属于其有主观过错的情形，在这种情况下回购价格的确定一般具有一定的惩罚性，因此我们可以根据上文所介绍的方法，根据公司净资产、原价、公司估值孰低的原则来确定相应的回购价格，并且如果股东给公司造成实际损失，也可按照约定要求其承担赔偿责任。

4. 关于回购主体的设定

在回购主体的选择上要考虑公司的实际情况和相关回购主体的支付能力，一般公司会确定以下几种回购主体。

（1）大股东或实际控制人回购

从公司控制权等角度考虑，一般由公司的股东或实际控制人进行回购，并由共同退出的股东签署相关法律文本，而回购的价款一般也由大股东承担。

（2）由各股东按其所持股比例进行回购

考虑到维持现有股权结构、大股东有时也会出现购买力不足的情况，我们通常在相应条款中设计，可以由各股东按股权比例进行回购，如遇特殊情况，由股东会按重大事项表决程序通过。

（3）由股东会程序同意的第三方主体进行回购

考虑到公司在实际发展中的需要，也可以经过股东会程序同意由第三方主体对退出股东的股权进行回购，以实现老股东退出和新股东进入的同步完成。

二、股权设计的两条思路

一份科学的股权设计方案的设计思路和依据特别重要。在股权设计的实战中一般把大数据思维和资本生命思维作为主要设计依据和设计思路。

（一）大数据思维

在股权设计项目中，经常会遇到这样的问题：客户提出了一个想法、一个思路，法律并没有严格的禁止性规定，但是细思起来确实存在一定的法律风险。而对客户提出的"灰色思路"，解决思维便是大数据思维，通过检索相关类似判例来判断法院对这类问题的裁判态度及思路，确定在实际操作中该如何解决。除了通过判例了解法院对股权设计思路的判断，我们也能通过对判例的研究寻找股权设计中频发的风险点，从而主动帮助客户进行规避。

引起股权转让纠纷的原因主要有以下三点。第一，当事人的法律风险防范意识不够。这主要体现在当事人在股权转让交易中往往缺乏法律意识和法律风险防范意识，导致在股权转让的过程中出现股权转让方隐瞒公司情况、重大误解等意思错误，转让程序不合法，以及交易合法性、合同条款约定不明的情形，并由此产生大量的案件纠纷。第二，当事人契约精神不强，怠于履行自己的义务。因为当事人缺少契约精神，或客观原因导致当事人怠于履行变更登记义务，未履行或延迟履行支付股权转让款或利息义务，导致纠纷产生。第三，股权转让协议设计过于简单。由于实际的股权转让交易背景往往比较复杂，当事人之间存在大量的经济往来，但是若双方的股权转让协议规定得比较简单，将导致大量的当事人凭借自己有抵消股权转让款的债权而对实际股权转让款的金额产生争议。

对于以上风险的防范，最恰当的方法就是在投资前聘请专业人士进行充分的尽职调查和周密的方案设计。这样做有三点好处：首先，通过尽职调查可以在交易前对对方的履约能力、负债情况、诚信状况等有更为深刻的了解，避免风险。其次，可以保证在决议和交易环节中的合法性，发现并向客户提示风险，结合客户的商业目的准确地评估风险，提出有效且合理解决问题的方案。最后，能有效地对交易中的各种法律关系进行梳理，明确股权转让款的标的额及各个条款，避免纠纷。

（二）资本生命思维

企业一般是指以盈利为目的，运用各种生产要素（土地、劳动力、资本、技术和企业家才能等），向市场提供商品或服务，实行自主经营、自负盈亏、独立核算的社会经济组织。资本是企业的主要生产要素，而盈利是企业的唯一目的。公司作为法人组织不但拥有法律拟制的人格权，更依据其主要生产要素资本，有着一个以资本为引导的生命历程。掌握公司从“生”到“终”的资本历程，遵循公司发展的客观规律，才能更好地进行股权设计。

公司由投资注册而“生”，由其清算注销而“终”，其间可能会经历投资、融资、并购、重组、注销，由诞生到繁衍、成长，再到终结的生命历程。由于公司每个阶段所着眼的关键问题不同，所以我们在股权设计中要根据资本的生命历程以及公司所处阶段的特点来考虑方案的具体设计。举个例子，初创型的公司往往关注创始人之间的协作关系，关注各个股东在资源上的投入，而公司到了繁衍期，则会将眼光放在投融资领域。股权设计方案中除了要考虑创始人之间的协作和分配关系，还应当考虑投资人的参与和利益。而当公司进入上升期或是进入生长阶段，公司的价值日益凸显，此时应当着眼于将公司发展的利益同员工共享，让员工享受到公司发展的实惠，增强员工的忠诚度，该阶段的股权激励显得尤为重要。

但是，公司股权设计属于公司的顶层架构设计，从现有的经验和对大数据的分析来看，作为公司的顶层架构设计，股权的调整往往会牵一发而动全身，如果频繁调整或不合时宜地调整就会给公司带来法律风险，而与股权有关的纠纷相较于其他民商事案件而言，一般为系列案件，我们在实战中就遇到了一个因为股权纠纷打了近十场官司的案例。为了避免不必要的诉累，同时考虑到公司发展的客观规律，我们通常基于 3 ～ 5 年的发展远景来进行股权设计，也就是说，即使公司处于诞生或繁衍阶段，我们也会建议客户考虑股权激励的相关问题，为股权激励留足空间。

律师和其他专业人员所考虑的资本行动方案的维度存在一定的差异，律师在考虑资本行动方案时往往考虑的是可行性和安全性。可行性，顾名思义，是该方案的可操作性和实用性，通过大数据分析方法，我们能掌握股权设计风险的一般性规律，通过对风险高发点的反复论证，出具的股权设计方案往往更具可行性。除了可行性，律师在考虑股权设计方案时还应该考虑方案的安全性。一个方案的安全与否对于公司来说关系到是否会危及大股东尤其是控股股东的利益和控制权，而对于小股东、投资人或者激励对象来说，他们更关注这份设计方案是否有法律保障。

三、股权设计的一个核心

公司股权设计的本质是通过一连串的合同实现公司控制权和利益平衡的游戏，其核心是控制权。

（一）控制权与股权比例临界线

1. 持股 51%（相对控制权）、持股 67%（绝对控制权）

很多创业者会特别关注 51% 这个数，认为当自己所持有的股权过半数时就掌握了对这家公司的控制权。实际上控制权的问题远比“过半数”要复杂得多。首先，关于有限责任公司股东会表决比例，《公司法》第四十二条规定：股东会会议由股东按照出资比例行使表决权；但是，公司章程另有规定的除外。《公司法》第四十三条规定：股东会的议事方式和表决程序，除本法有规定的外，由公司章程规定。股东会会议作出修改公司章程、增加或者减少注册资本的决议，以及公司合并、分立、解散或者变更公司形式的决议，必须经代表三分之二以上表决权的股东通过。其次，关于股份有限公司表决比例，《公司法》第一百零三条规定：股东出席股东大会会议，所持每一股份有一表决权。但是，公司持有的本公司股份没有表决权。股东大会作出决议，必须经出席会议的股东所持表决权过半数通过。但是，股东大会作出修改公司章程、增加或者减少注册资本的决议，以及公司合并、分立、解散或者变更公司形式的决议，必须经出席会议的股东所持表决权的 67% 以上通过。

依据以上规定，首先，在有限责任公司关于表决的比例问题上，《公司法》给了一个很大的自治空间，这就意味着公司股东可以在法律授权的范围内自行根据实际需求设置相应的表决比例，同时参照股份有限公司的决议程序，对于一般事项掌握 51% 股份比例的股东具有决定权，但是修改公司章程、增加或者减少注册资本的决议，以及公司合并、分立、解散或者变更公司形式的决议必须经过 67% 以上股东的表决通过。因此，在公司章程无特别规定的情况下，无论是有限责任公司还是股份有限公司，股东持有 51% 的股权仅仅是掌握对一般事项的控制权，对于一些重大事项需要持有 67% 以上比例的表决权才能有绝对的控制权。

2. 持股 34%（重大事项一票否决权）

这个数值是绝对控制权的相反数值，对于一些难以获得相对或绝对控制权的股东来说，退一步拥有 34% 的股权就相当于在重大事项表决中具有一票否决权。

3. 持股 30%（上市公司的要约收购）

根据《上市公司收购管理办法》，收购人拥有权益的股份达到该公司已发行股份的 30% 时，继续进行收购的，应当依法向该上市公司的股东发出全面要约或者部分要约。

4. 持股 10%（召集会议、解散公司）

《公司法》中多处赋予了单独或合计持有百分之十以上股权的股东相关权利。其中《公司法》第一百一十条规定，代表十分之一以上表决权的股东，可以提议召开董事会临时会议。《公司法》第四十条规定，董事会或者执行董事不能履行或者不履行召集股东会会议职责的，由监事会或者不设监事会的公司的监事召集和主持；监事会或者监事不召集和主持的，代表十分之一以上表决权的股东可以自行召集和主持。《公司法》第三十九条规定，代表十分之一以上表决权的股东提议召开临时会议的，应当召开临时会议。《公司法》第一百条规定，单独或者合计持有公司百分之十以上股份的股东请求时，应当在两个月内召开临时股东大会。《公司法》第一百零一条规定，董事会不能履行或者不履行召集股东大会会议职责的，监事会应当及时召集和主持；监事会不召集和主持的，连续九十日以上单独或者合计持有公司百分之十以上股份的股东可以自行召集和主持。

从上述法条规定可知，《公司法》赋予了合计或单独持有百分之十以上表决权的股东召集和主持股东会的权利，而在有限公司中，该部分股东还可以召开董事会临时会议。除了有召开相关会议的权利，单独或合计持有百分之十以上表决权的股东还享有请求解散公司的诉权。《公司法》第一百八十二条规定，公司经营管理发生严重困难，继续存续会使股东利益受到重大损失，通过其他途径不能解决的，持有公司全部股东表决权百分之十以上的股东，可以请求人民法院解散公司。

5. 持股 5%（举牌收购）

投资人在证券市场的二级市场上收购的流通股份超过该股票已发行股本的 5% 或者 5% 的整倍数时，根据有关法规的规定，必须马上通知该上市公司、证券交易所和证券监督管理机构，在证券监督管理机构指定的报刊上进行公告，并且公司履行有关法律规定的义务，且在半年内不能卖出。

6. 持股 1%（股东代表诉讼）

《公司法》第一百五十一条规定，董事、高级管理人员有本法第一百四十九条规定的情形的，有限责任公司的股东、股份有限公司连续一百八十日以上单独或者合计持有公司百分之一以上股份的股东，可以书面请求监事会或者不设监事会的有限责任公司的监事向人民法院提起诉讼；监事有本法第一百四十九条规定的情形的，前述股东可以书面请求董事会或者不设董事会的有限责任公司的执行董事向人民法院提起诉讼。

该诉讼也叫作股东代表诉讼，又称派生诉讼，是指当公司的合法权益受到不法侵害而公司却怠于起诉时，公司的股东即以自己的名义起诉，而所获赔偿归于公司的一种诉讼形态。

7. 持股 $n\%$（$0<n \leqslant 100\%$）（知情权）

《公司法》第三十三条规定，股东有权查阅、复制公司章程、股东会会议记录、董事会会议决议、监事会会议决议和财务会计报告。股东可以要求查阅公司会计账簿。股东要求查阅公司会计账簿的，应当向公司提出书面请求，说明目的。公司有合理根据认为股东查阅会计账簿有不正当目的，可能损害公司合法利益的，可以拒绝提供查阅，并应当自股东提出书面请求之日起十五日内书面答复股东并说明理由。公司拒绝提供查阅的，股东可以请求人民法院要求公司提供查阅。《公司法》第九十七条规定，股东有权查阅公司章程、股东名册、公司债券存根、股东大会会议记录、董事会会议决议、监事会会议决议、财务会计报告，对公司的经营提出建议或者质询。

依据以上条款，只要是该公司股东，无论其持有多少股权都享有对该公司的知情权，知情权在股权设计中不容忽视，因为公司知情权纠纷往往是股权纠纷的前奏，这也是为什么知情权纠纷在司法实践中有极高的受理数量。

通俗地讲，股东知情权就是股东的查账权。股东知情权对于大股东尤其是控股股东来说往往具有核弹一般的威力，因为查询公司账目所带来的一系列知情权纠纷就如同核裂变一般会愈演愈烈。由于股东知情权对公司的影响重大，且该权利属于法定的知情权，所以在股权设计方案中，如果站在大股东或控股股东的角度考虑，就需要对股东行使知情权进行相应的限制，如设定查账的具体时间、地点、方式、范围等。

综上可知，股权设计中，应当充分考虑以上要点，以避免不合理的股权比例分配导致公司控制权的丧失。

（二）控制权的实现路径

股权设计的本质和核心就在于把握和平衡公司的控制权，公司控制权的实现路径往往有多个维度，包括公司股东会层面的控制权、董事会层面的控制权、高级管理层任命上的控制权，以及如公章、营业执照等证照管理上所体现出来的控制权。

1. 对股东会的控制

股东会是公司的最高权力机构，对股东会的控制主要是通过所占表决比例的数量来实现的，具体有关比例数量的问题前文已进行了说明。《公司法》对股东会的职权有明确的规定，因此能否控制股东会就决定了能否控制公司的经营方针和投资计划，能否控制公司董事、监事的任免（非职工董事、监事），能否控制公司的财务预算与决算，能否决定公司的利润分配方案，能否决定增减注册资本以及合并、分立、解散公司和修改公司章程等核心事项。

2. 对董事会的控制

董事会是公司的最高执行机构，负责日常的较大事项的经营决策，而且其还掌控了高级管理层的人事任免权，所以说控制了董事会就意味着控制了公司的日常经营。董事会在表决上采用一人一票的形式，因此对董事会的控制主要是通过控制董事会席位的方式实现的。初创型企业因为对创业初期的决策效率要求较高，所以我们一般不建议设置董事会，取而代之的是根据《公司法》的规定设置一名执行董事并由实际控制人担任。

3. 对监事会的控制

对监事会进行控制的路径与董事会相同，但是很多创业者其实会忽视对监事会的控制，事实上监事会有时也会对公司的控制权产生一些重要的影响。

4. 对高级管理层的控制

高级管理层包括公司的经理、财务管理人员、人力资源管理人员等。这些人员负责公司的具体运作和运营。虽然这些人员并不全都参与公司的股东会、董事会和监事会，但实际上能否控制这些人员对于公司的控制权也有一定的影响。如前文所述，投资人在投资协议中会考虑委派相应的财务管理人员，以实现自己对公司财务状况的知情和了解。

5. 其他

除了上述的三会一层，公司控制权的实现还有一些其他的途径。

（1）保管公司证照及印章

在实践中我们发现，很多创业者会将证照、印章的保管视为其控制权实现的标志之一。其实这个观点并无不合理之处，保管证照和印章意味着可以直接以公司法人的身份作出相应的应对。但公司证照和印章的保管，并不是实现控制权的最佳途径。公司证照和印章是公司的财产，如果在保管印章、证照问题上产生纠纷，股东会和董事会有权罢免或解除相关证照、印章保管人员的相关职务，并基于《民法典》的相关规定以公司的名义提出诉讼，要求相关人员返还公司证照和印章，因此这种控制权的实现方式并不稳固。

（2）担任法定代表人

很多创业者会将法定代表人与实际控制人画等号，认为谁是公司的法定代表人，谁就是公司的实际负责人和实际控制人。这个观点在一定程度上是能够成立的，因为法定代表人的职务行为等同于公司行为，其个人签字的效力有时等同于公司加盖公章的效力。因此，担任法定代表人事实上也是实现公司控制权的路径之一。但是需要注意的是，根据《公司法》的规定，法定代表人由董事长 / 执行董事或经理担任，董事长和经理来自董事会的选举和任免，而执行董事或董事的任免权又掌握在股东会的手中，因此实际上如果能控制董事会和股东会，那么法定代表人对实现公司控制权其实就显得并不重要了。因为如果能控制股东会和董事会，那么法定代表人的选聘也仅仅是从风险防范的角度考虑而非从控制权的角度考虑。所以如果单纯靠担任法定代表人、保管公司证照及印章是难以实现对公司的控制的，但这也不失为一种巩固控制权的途径和防范风险的方式。

（3）关联关系控制

根据《公司法》关于关联关系的规定，关联关系是指公司控股股东、实际控制人、董事、监事、高级管理人员与其直接或者间接控制的企业之间的关系，以及可能导致公司利益转移的其他关系。

（4）特殊身份关系控制

《公司法》对实际控制人有具体的规定。根据《公司法》，实际控制人是指虽不是公司的股东，但通过投资关系、协议或者其他安排，能够实际支配公司行为的人。

（5）合同关系控制

合同关系控制是指通过影响企业生产、经营的重大合同的控制从而实现对公司的控制，比较典型的就是淘宝对其平台商家的控制。众多依赖淘宝生态链而生的企业的主要业务都在淘宝平台上发生，因此，淘宝规则（双方的服务合同）的变动会对其产生重大的影响。而淘宝通过淘宝规则对其他公司进行管理的形式也是控制权的实际表现之一。

（6）对稀有资源的控制

对于一些依赖稀有资源的企业，稀有资源的控制方也可以通过对这些资源的控制实现对企业的控制。

第三章　股权结构与治理设计及股权动态规划

第一节　股权结构与治理设计

一、分散型股权结构及其治理方式

（一）分散型股权结构

分散型股权结构是一种股权比例较为分散的股权结构，表现形式如30%∶20%∶20%∶20%∶10%。分散型的股权比例产生的原因可能是公司的创始人较多，且各个股东投入和地位相当，导致股权比例在分配上难以集中。

股权的高度分散使得公司的所有权和经营权分离，对公司也有诸多的正面促进作用。以万科为例，当“宝万之争”日趋激烈之时，人们第一反应都是批判万科分散型的股权结构导致被动局面的产生，但鲜有人关注股权分散的情形对万科所产生的正面影响。第一，它使公司治理结构更加健全。作为最早上市的企业之一，万科很早就认识到公司治理机制在建立现代企业制度中所发挥的重要作用，并为形成规范化的运营体系付出了不懈的努力。控制模式和控制权力的来源方面，万科与华为、联想、海尔等都有很大不同。王石既没有借助集团公司模式的控制，也没有个人直接控制大量股权，自1984年万科成立以来，王石一直保持着对万科经营权的控制。正如王石所说：“我从没有把万科当作孩子，我把万科当作作品，这是团队、员工、股东和业主一起创造的。”第二，促进了管理人员激励机制的多样化。公司治理的重心在董事会和高级管理层上，因此万科也建立了多样化的激励机制，以提高董事会和高管的忠诚和勤勉程度。在股权激励上，万科采用双重考核的业绩评价标准。双重考核指标是指万科在股权激励的行权条件上，一方面对企业的经营业绩作出了规定，另一方面对行权时的股票价格有一定的要求。这样的做法，首先，限制了公司的盲目再融资冲动；其次，切实保护了投资者利益；再次，限制了公司操纵利润行为和激励对象利益输送；最后，限制了公司盲目扩张，提高了公司增长内在质量。同时，限制性股票激励计划的实施建立起了股东与经理人团队之间的利益共享与约束机制，将公司利益、股东利益和经理人团队的利益更紧密地结合在一起，进一步完善了公司的治理结构。

（二）分散型股权结构的特点

第一，由于股权的分布零散，公司只有在部分股东达成一致的情况下，才能进行决策，股东之间的相互制衡有利于提高决策的民主性和科学性。但相较于控制性股权结构而言，分散型股权结构无论是在股东决策的效率上还是在公司的反应速度上都要低很多。

第二，股权的分散将导致公司的中小股东越来越多。这些中小股东因为自己在公司的股权很少，个人没有什么决定性的发言权，所以就直接放弃管理公司的权利和对公司的投入，把管理公司和对公司的投入问题交给大股东，而消极的投入和参与管理将会导致中小股东“搭便车”的现象发生。

第三，由于股权的分散分布，股东决策会因为各方股东的意见不一致，导致公司难以形成决策，以至于出现僵局的情况。

第四，因为股东追求投资利益最大化的预期，势必将导致股权的不断转手，然后在分散型股权结构下，公司缺少实际的控股股东，在股权的不断交易中容易造成公司的兼并与监管的动荡。

（三）分散型股权结构的治理方式

1. 利用董事会进行公司治理

由于股权的分散导致股东在公司的股东会上难以形成控制权，所以公司可以利用董事会进行日常的公司管理和决策。相较于股东会利用表决权比例进行决策的议事规则，一人一票的董事会议事规则似乎更适合股权结构分散型的公司。

2. 形成重大事项的一票否决权

由于股权的分散，想要让一个股东形成对公司相对或绝对的控制权难度较大，但是能较为容易地让一个股东形成对公司重大事项的一票否决权。比如，当一个公司的股权结构为 30%∶20%∶20%∶20%∶10% 时，持 30% 股权的股东虽然是第一大股东，但不能在股东会层面上形成 67% 的绝对控制权或 51% 的相对控制权，如果想形成决策就必须联合其他股东。但是如果其他创始人分别向大股东转让 1% 的股权，将股权比例调整为 34%∶19%∶19%∶19%∶9%，那么大股东虽不能在股东会层面形成绝对或相对的控制权，但其所持有的 34% 的持股比例使其相当于掌握了重大事项的一票否决权。

二、控制型股权结构及其治理方式

（一）控制型股权结构

控制型股权结构是常见于家族企业的股权结构形式。在这种结构模式之下，由一个持有股权比例在 51% 甚至是 67% 以上的股东或家族控制公司的股东会，其表现为控股股东“一股独大”，而该控股股东通常为该公司的董事长 / 执行董事 / 总经理，同时为公司的法定代表人，并保管公司的证照印章，实现对公司的全方位控制。

控制型股权结构在创业初期有一定的优势，因为股权的高度集中使得创业项目的负责人和创业前期的成功与失败有最为直接的关联；并且创业初期往往需要将更多的精力放在产品研发和市场的开拓工作上，因此需要进行高效的决策，以便将更多的时间用于实质性的工作上。相较于分散型股权结构，在控制型股权结构下，只要实际控制人不发生变动，其他股东的进入和退出对公司的影响较小，因此这样的股权结构安全性更强。以上都是控制型股权结构在创业初期所发挥出的优势，但如果一家公司长期保持这种模式，将不利于公司的发展。

（二）控制型股权结构的治理方式

1. 股权激励实现多元持股

控制型股权结构可以通过股权激励的形式，使管理层和员工持股，以调动职业经理人和员工的工作积极性，来弥补激励和约束机制的不健全。管理层持股从另一方面来说也稀释了股权，分散了大股东对企业的控制权，改变了公司治理的组织结构，能够提高生产效率，并改进公司决策机制。

2. 将公司的经营权和所有权相分离

控制型股权结构最大的风险并不来自股权的安全性，而是控股股东过于容易进行决策，容易形成独断、专行的决策机制，使得不合理的决策影响到公司的发展。因此，这种股权结构模式可以使经营权和所有权相分离，控股股东不参与董事会和公司管理层，以避免形成封闭、保守的经营机制。

三、博弈型股权结构及其治理方式

（一）博弈型股权结构

博弈型股权结构是最常见的股权结构形式之一，是指股东之间股权平均分配，股东间所持股权比例相当，相互制衡，常见的表现形式为 50%∶50% 或 40%∶40%∶20%。这种股权结构通常因为难以有实际控制人，容易造成公司僵局，没有核心股东，也容易造成股东矛盾，因此被人们称为“最差”的股权结构。

（二）2% 的股权对公司的控制

在最为极端的情况下即便某股东仅仅持有公司 2% 的股权，也能实现对该公司的控制，那么这种控制权是通过何种方式实现的呢？当出现 49%∶2%∶49% 的股权比例结构时，虽然两名大股东分别持有公司 49% 的股权，但因所持的表决权比例在没有特殊约定的情况下并未超过半数，仅一名股东在股东会层面并不能形成最终决策。如果该公司想要形成股东会决议，必须两名以上股东相互达成共识。在这种情况下，如果大股东双方在经营思路上发生纠纷，出现对立，那么持有 2% 股权的股东，自然会成为两方大股东相互笼络的对象，而此时因其和任一股东达成共识即可形成决策，反而掌握了公司的控制权。

这种股权设计比例结构的背后包含着一种均衡之道。其实，只要在任一方股东无法形成决策，而任意双方结合就可形成决策的情况下，就像上文所述的情形，无论是持有公司 2% 股权的股东还是持有公司 49% 股权的股东，在决策时都无法单独形成决策。因此，两者在表决权层面上并无区别，用 2% 来实现公司的控制权其实只是其中一种最为极端的情况而已。

这种以持有较少股权但通过各方博弈的方式来实现控制权的方式并不是纸上谈兵，其在实践中也具有一定的实际操作性。我们有一个客户在公司发展过程中需要筹措大量资金，因此管理团队不得不为了引进投资人而让渡自己手中的股权。由于管理团队在初期没有意识到股权的重要性，在引进第一个投资人的时候就以转让的方式让渡了自己手中30%的股权。但是随着公司进一步发展，公司的资金需求量也不断加大，管理团队也随即进行了第二轮融资。在这轮融资中，管理团队考虑到第一轮引进的投资人所持股权比例过高，并且总是对管理团队施压，影响公司的管理和对重大问题的决策，因此，管理团队决定在第二轮融资中，将错就错，以转让30%股权的形式，引进了另一个背景雄厚并且经营管理思路和第一轮所引进的投资人略有不同的投资人股东。这样的做法看似管理团队在股权比例结构上放弃了在公司股东会层面的控制权，但是其背后却折射出了管理团队对于公司治理的大智慧。在这样的股权比例结构之下，三方股东都不能单方形成股东会决议，而投资人因为持有公司股权，都有参与公司管理和决策的想法，但是由于双方的经营思路略有不同，所以两者难以在股东会层面形成一致的决策，并且两者股权比例相加之后也不足总股权的三分之二以上，因此即便他们达成一致，没有创始股东的参与也难以对如增减资、公司解散与分立及合并、修改公司章程等重大事项形成决策。如此，管理团队就可斡旋于两方投资人之间，以博弈的方式实现对公司的控制。

（三）博弈型股权结构的治理方式

有些企业在创业初期，各个股东之间的资源投入和股东能力旗鼓相当是比较常见的情况。在这种情形下，平均分配股权也许是适合企业的一种方式。但是，随着企业的发展，考虑到避免公司陷入僵局，其实可以通过很多方式消除平均分配股权的弊端。除了像海底捞一样，发展后期通过股权转让的方式解决股权结构不理想的问题，也可以考虑进行分红权与决策权相分离的设计。《公司法》第一百六十六条规定，公司弥补亏损和提取公积金后所余税后利润，有限责任公司依照本法第三十四条的规定分配；股份有限公司按照股东持有的股份比例分配，但股份有限公司章程规定不按持股比例分配的除外。有限责任公司在进行分红权与决策权的分离设计时，还可以考虑参考AB股制度进行。

AB股制度也叫作双重股权结构或二元股权结构，是指上市公司进行同股不同权的设计。按照该制度，通常一般股东同股同权，即一票一股，但公司少数高管为了实现控制权可以一股数票，这是一种通过分离现金流和控制权而对公司实行控制的有效手段。区别于同股同权的制度，在双重股权结构中，股份通常被划分为高、低两种投票权。高投票权的股票拥有更多的决策权，高投票权股票每股具有 2 ～ 10 票的投票权，主要由高级管理者所持有；低投票权股票的投票权只占高投票权股票的 10% 或 1%，有的甚至没有投票权，由一般股东持有。作为补偿，高投票权股票股利低，不准或规定一定年限，一般 3 年后才可转成低投票权股票，因此流通性较差，而且投票权仅限管理者使用。

虽然股东的分红权与决策权进行分离设计有相应的法律依据，但是需要注意的是，这里说的表决权的分离设计是针对有限责任公司而言的，对于股份有限公司则须“同股同权”。不过，《公司法》第一百零五条规定，股东大会选举董事、监事，可以依照公司章程的规定或者股东大会的决议，实行累计投票制。因此，股份有限公司可以通过累计投票制的方式来实现表决权的优化。

第二节　股权动态规划

一、股权动态调整的原因

股权方案设计是一种规则的制定，在方案制订时无论考虑未来多少年的发展情况，总有一定的滞后性。不管是创始人之间的股权设计还是股权激励，或是投融资股权设计，都难以一劳永逸地做到股权比例与各自的价值和贡献一致，所以在制订方案时要考虑到股权的动态调整，兼顾公平和效率。国务院国有资产监督管理委员会、中华人民共和国财政部、中国证券监督管理委员会于 2016 年 8 月联合发布的《关于国有控股混合所有制企业开展员工持股试点的意见》（以下简称《意见》）中也明确了员工持股方案，对持股员工（范围、员工）出资、入股价格、持股比例、持股方式、股权分红、股权管理主体、股权流转等操作细节作出了具体规定，并将动态调整作为国有企业改革员工持股的原则之一。该《意见》规定要坚持股权的动态调整，建立健全股权内部流转和退出机制，避免持股固化僵化，由此可见动态调整的重要性。具体而言，进行股权的动态调整主要有以下几个原因。

第一，解决不确定性的问题。如上文所述，在以资源作为合作条件时，在完成股权的分配后，未来的资源到位情况会存在一定的不确定性。因此，为了促进股权的公平、合理分配，需要提前设计股权的动态调整机制以解决未来的不确定性的问题。

第二，对未来价值的评判。特别是在股权激励中，股权给予的数量很大程度上取决于激励对象的未来价值，因此就需要对股权作出一定的动态调整，以实现未来价值与现实价值的相互匹配。

当然，进行股权的动态调整还存在很多其他方面的原因，这里就不再赘述。

二、股权动态调整的类别

（一）增加目标股东的股权实现股权的动态调整

以增量的形式来实现股权的动态调整，因不涉及现有股东的“既得利益”，所以较减量的调整方式而言更易被其他股东接受。根据增量股权的来源，这种调整方式又可以细分为以股权转让的方式实现目标股东股权的增加和以定向增资的方式实现目标股东股权的增加。

1. 以股权转让的方式实现目标股东股权的增加

以股权转让的方式实现目标股东股权的增加指的是大股东将自己所预留的股权附条件地赠予或转让给达成相应目标的股东或激励对象。根据《公司法》的规定，在股东之间无特殊约定的情况下，股东内部转让股权无须经过其他股东的同意。因此，这种调整形式可操作性较强，程序上也更为灵活简便，但是由于调整股权的来源为大股东所持有的股权，如果此前未做相应的预留，将会影响大股东控制权的实现。

2. 以定向增资的方式实现目标股东股权的增加

类似于股权的附条件赠予或转让，股权的定量增加也是以增量的方式对股权进行动态调整，但是其实现的途径并非存量的转让，而是以增资扩股的方式实现。除了限制部分未达成目标的股东或激励对象行使对新增注册资本的认购权，我们更为推荐以下这种定向增资方式：如果公司在经营过程中有相应的可分配利润，而且股东或激励对象在达成相应的目标之后公司的利润有望得到提升，那么可以合理地将公司利润在此后几个年度因相关股东或激励对象达成预期而实现的增长超额或全部（100%）分配给这些人员，分配给这些人员的利润由其用于转增公司的注册资本。这样没有达到相关考核标准的股东或激励对象所持有的股权也会因为注册资本本金的增加而相应稀释，从而实现股权的动态调整。

值得一提的是，虽然以定向增资的方式来进行动态调整对于大股东的控制权影响较小，但根据《公司法》的规定，公司的增资需要经过股东会三分之二以上表决权的股东同意。因此，这种动态调整的实现方式在程序上较为复杂，并且因需要经过股东会多数股东的同意，所以在实际操作过程中，所受的变数影响也较大。

（二）减少目标股东的股权实现股权的动态调整

1. 以股东回购的方式实现目标股东股权的减少

与以上的方式都不同，其以减量的方式实现股权的动态调整，即由大股东按照一定的价格回购未达成目标的股东或激励对象所持有的股权。这种方式较上述的增量方式而言在实现动态调整上更为直接。但是直接回购意味着已经拿到手中的股权又得还回去，一般股东或激励对象对于这种调整形式难以接受，所以往往在实现上有一定的难度，并且容易引发纠纷，需要在前期就进行股权设计，约定具体的回购条件及程序。

2. 以减资的方式实现目标股东股权的减少

定向减资的方式在此处不再赘述，这种方式也是实现动态调整的方式之一。

3. 以公司回购的方式实现目标股东股权的减少

有关公司回购股权的方式在此处不再赘述，这种方式也是实现动态调整的方式之一。

三、股权动态调整的路径

（一）细化、量化

1. 实体上的细化、量化

相关实体资源的投入标准及对激励对象的考核机制的细化、量化程度是股权动态调整的基础。股权动态调整的依据就来源于此。因此，如果需要对股权布局进行动态调整，建议要尽可能地对相关标准进行细化和量化，并建立起相应的考核机制。关于考核机制公司可根据每年考核指标确定评分系数，并根据评分系数确定分配比例。具体考核指标及评分标准，可以由公司另行制定相应的制度。

2. 程序上的细化、量化

除了在实体上要对相关资源的投入程度进行细化和量化，对股权动态调整的程序也要提前进行细化安排。在具体的程序规则制定上，我们建议要注意以下几点。首先，要明确调整的总协调人，由总协调人负责拟定股权调整标准。而在总协调人的选任上，我们建议选择对公司人员有充分的了解、对全局有一定把控的股东，并且该股东与前文所述“罗伯特议事规则”中的主持人类似，不参与后期股权动态的调整，与各方没有利益冲突关系，较为公平与客观。其次，相关的调整标准要经过股东会的审议批准，这是因为股权的动态调整涉及对股东利益的重大影响，所以，相关标准要经过全体股东的讨论，并且要经过股东会的审议和批准。再次，涉及被调整的相关股东，应该根据工作岗位职责及股权调整标准，提交用于自评的工作报告作为考核的依据，同时，总协调人根据工作报告所反映的工作情况主持进行互评环节，并对最终的调整范围进行确定。最后，建议股东会对各涉及调整股东的分配条件及分配比例审查确认，条件满足后，完成登记等相关程序。

3. 调整机制的路径设计示范

“成熟条款”常见于投资协议中，其中“成熟”一词来源于英文的“vesting”，在常用的投资协议中除了翻译为“成熟”，也被翻译为“兑现”或者“释放”。其在投资协议中的一般表现形式为，创始股东和投资人之间进行约定，创始人在投资人进入之后，其所持的股权在所约定的成熟期内逐步“成熟”，在成熟期内可享受分红权和表决权。如果要进行转让，只能就已成熟的条款进行转让，未成熟的部分只能以极低的价格转让给投资人。这种形式从表面上来看类似于股权激励中的限制性股权，但究其本质，是一种通过在现有权利上增设权利负担来实现在不变的存量中进行动态调整的形式。

（1）按工作时间设置成熟条件

在分期成熟的模型下，可以按照公司的实际需求来确定股权成熟的条件，最直观也是最常见的设置形式为时间，即可在一定时间内平均设置成熟速度，如约定的成熟期为4年，每年成熟25%；也可以在一定时间内加速或减速实现股权成熟，如约定成熟期为 4 年，第一年成熟 10%，第二年成熟 20%，第三年成熟 30%，第四年成熟 40% 等，减速反之。

（2）按项目进度设置成熟条件

项目的进度和一些资源的投入有直接的关系。考虑到一些处于初创阶段的企业或按照项目制经营的公司，项目的进度是实际控制人或投资人首要关心的内容，因此可以按照项目的进度来对成熟条件进行约定。比如，针对公司的技术开发人员可设置这样的成熟条件：当其完成产品的设计工作可成熟 10% 的股权，完成产品的研发并制作出样品可成熟 20% 的股权，产品上市后可成熟 30% 的股权，最后产品在质保期内无召回或验证缺陷问题的可成熟最后的 40% 的股权。

（3）按融资进度设置成熟条件

如果对公司融资有较高目标，也可按照融资的进度来设置相应的成熟条件。融资的进度可以按照融资的轮数来进行设置，如当公司完成 A 轮融资时可成熟 40%，当完成 B 轮融资时可成熟 60%；当然如果对融资轮数目标不确定，也可以按照融资的数量来设置相应的成熟条件，如当融资 500 万元时可成熟 15%，当融资达到 1000 万元时可成熟 20%，当融资达到 5000 万元时可成熟 30%，当融资达到 1 亿元时可成熟剩余的 35%。

（4）按项目业绩设置成熟条件

按照项目业绩设置成熟条件，是最直观的调整形式，而这种形式在设计上也比较简单，只要约定相应的业绩目标和成熟比例即可。

（二）协商

除了细化和量化，股权动态调整的另一个要义在于协商和沟通。股权动态调整是为了公司实现更好的发展，而非令公司和股东陷入不必要的纠纷之中。纠纷的避免很大程度上取决于各方股东对调整机制的接受程度，而接受程度的高低则来自调整机制的制定和有无经过充分的协商。

首先，在是否要进行动态调整及以何种方式进行调整这一问题上，就需要各方达成合意和共识，切忌由大股东单方面决定是否进行股权的动态调整并制定相应的调整规则。

其次，在制定调整标准和考核机制的过程中要充分发挥民主的优势，各方股东要对细化和量化的衡量标准进行充分的协商，在标准的制定中完整听取和采纳各方股东的意见，使得相关规定在制定伊始就尽可能地消除各方的不满情绪。

再次，对于调整的比例也要进行协商，避免制订出过于偏激的调整方案；在考核过程中也要充分地协商，听取相关股东和激励对象关于没有达成目标的原因和看法，考虑是否合情合理，是否需要进行调整，在怎样的范围内进行调整，等等；这些都要进行协商。

最后，在调整的过程中也要进行充分的协商，对于回购或授予的价格确定要经过双方充分的沟通，避免相应的纠纷。

（三）动态调整的实施要点

股权的动态调整不但实施难度大，而且在实施过程中如果不注意相关要点极易引起纠纷，所以在进行股权的动态调整时，要格外注意以下要点。

1. 切忌频繁地进行动态调整

股权设计为公司的顶层架构设计，牵一发而动全身，所以频繁地进行股权的动态调整不仅不利于公司稳定发展，还容易给公司增加不必要的内耗，更为关键的是频繁的股权变动容易增加股东的不安全感，不利于利益的捆绑和企业文化的建立。

2. 股权动态调整的主持人没有利益的冲突

“罗伯特议事规则”中就提到会议的主持人要尽量避免利益的冲突，这个观点在股权的动态调整中也同样适用。实际控制人和大股东可以负责股权动态调整的规则制定，但是在具体的实施过程中要尽量由不涉及调整的股东或中立的第三方进行主持和评定。

3. 调整的比例上要尽可能地不涉及对公司控制权的影响

相关控制权在股权调整比例上要注意临界点问题，尽量不影响公司的控制权。

第四章　公司股权变动及相关法律问题

第一节　基于法律行为发生的股权变动

一、股权捐赠引起的股权变动

随着我国慈善事业的不断发展，捐赠股权作为一种新型的慈善捐赠模式开始逐渐受到捐赠者和慈善团体，尤其是手中持有大量股权的企业法人和企业家的青睐。自 2005 年起，我国股权捐赠的慈善之举逐渐增多。先是企业家牛根生及其家人捐出蒙牛在香港上市公司的全部股份设立了老牛专项基金，再有杨澜女士捐出阳光传媒投资 51% 的股权设立了阳光文化基金会，后有福耀集团董事长曹德旺将曹氏家族持有的 3 亿股福耀集团股权捐出设立了河仁慈善基金会。以股权的捐赠取代现金的捐赠，对企业家来说似乎更为便捷，省去了股权变现的烦琐；而对于基金会来说，受赠股权亦更符合资本社会中财团法人资产增值的需求。

随着股权捐赠越来越多，涉及金额越来越大，股权捐赠行为逐渐引起法学界的关注，学者开始尝试将这种新的捐赠模式引入法律范围进行探讨。但是，当讨论该捐赠行为涉及的法律问题时，人们才开始注意到股权捐赠并非设想的那样简单，其不像传统的捐钱捐物一般仅涉及个人财产处置问题。在 2021 年《民法典》施行以前，尽管依据我国《民法通则》的规定财产所有权人对自己的财产享有处分权，股权作为一种具有财产权性质的权利应该据此可以作为被处分的客体，但是 2003 年发布的《财政部关于加强企业对外捐赠财务管理的通知》（财企〔2003〕95 号）明确禁止企业对外捐赠股权。基于该禁止性规定，不仅是企业，就连个人股权捐赠也在实践中或多或少遭遇了捐赠的股权不予登记或不予办理过户的情况。直到 2009 年，财政部《关于企业公益性捐赠股权有关财务问题的通知》（财企〔2009〕213 号，以下简称“财政部财企〔2009〕213 号文”）下达之后，我国才在制度上正式确立了股权捐赠的合法性。尽管“财政部财企〔2009〕213号文”确认了股权捐赠的合法性，但是却没有对何为股权捐赠作出界定。有鉴于此，在探讨股权捐赠法律制度之前我们先对股权捐赠的法律概念作出界定。

股权捐赠是广义上的赠与行为，是传统民法上单方法律行为之一，基于捐赠人一方作出捐赠的意思表示就可以产生效力，但是实践中多以捐赠方与慈善机构签订书面赠与合同的方式进行。

“财政部财企〔2009〕213号文”首次肯定了股权捐赠的合法性，规定“由自然人、非国有的法人及其他经济组织投资控股的企业，依法履行内部决策程序，由投资者审议决定后，其持有的股权可以用于公益性捐赠”。

虽然法律法规中没有直接对股权捐赠作出定义，但是《财政部关于加强企业对外捐赠财务管理的通知》将企业对外捐赠界定为“企业自愿无偿将其有权处分的合法财产赠送给合法受赠人用于与生产经营活动没有直接关系的公益事业的行为”。据此，我们可以尝试将股权捐赠界定为，自然人、非国有的法人及其他经济组织自愿无偿将有权处分的股权赠与合法受赠人用于非直接从事经营性活动的公益事业的行为。

股权捐赠与传统的捐钱捐物存在本质区别，因此，股权捐赠不仅应该适用捐赠的一般规则，还应该适用针对股权捐赠设立的特殊规则。根据《中华人民共和国公益事业捐赠法》第四条的规定：捐赠应该是自愿的和无偿的，禁止强行摊派或者变相摊派，不得以捐赠为名从事营利活动。有鉴于此，股权捐赠首先需要满足捐赠自愿、无偿的要求，股权捐赠方自愿捐赠且不能向股权受赠方要求支付对价。

从比较法的角度看，股权捐赠制度在英美法系国家相对宽松亦发展成熟，其捐赠方式多样化。除了可以通过无偿赠与的方式捐赠股权，亦可通过低于市场价格的方式转让给慈善机构，无论是无偿捐赠还是低价转让都是股权捐赠的合法方式。但是，就我国目前慈善事业的发展情况以及相关法律制度的建设来看，低价有偿转让股权的捐赠方式有可能滋生股权捐赠欺诈等相关犯罪，亦可能造成上市公司内部腐败，侵害中小股东利益。因此，目前我国法律不承认低价出让股权的合法性，要求股权捐赠必须满足全部无偿的条件而不能是部分无偿。

传统捐赠中的客体多为普通财物，而股权捐赠的客体是权利。股权不仅包括获得股息、红利收益等自益权内容，同时还包括表决权等共益权内容，因此，股权的捐赠必须履行公司内部程序。由于我国目前尚未出台专门针对股权捐赠的法律法规，实践中，股权捐赠视同股权转让处理，履行股权转让相关程序性要求。对于有限责任公司而言，股权捐赠必然适用股权对外转让相关要求。股权对外捐赠需要经由其他股东过半数同意。捐赠方就股权捐赠事宜书面通知其他股东，其他股东自接到书面通知之日起满三十日未答复视为同意转让。不同意捐赠的股东应该享有优先购买权。从上述规定来看，捐赠股权本身的单方法律行为的属性仍要受制于有限公司人合性的特点。

有限责任公司的股东捐赠股权涉及的法律问题较为简单，法律限制也较少。但是，对于上市公司而言，股权捐赠行为因涉及广大中小股东投资权益，其必须受到法律更为严格的监管。一方面，股权捐赠的受赠方在性质上属于慈善机构，不同于一般的公司法人或其他投资主体，其持续经营能力、公司管理能力相对较差，作为上市公司新股东在经由投票权参与公司治理方面必然存在缺陷。该股权捐赠行为必然影响上市公司的市场表现。另一方面，由于涉及利益范围更广泛，上市公司的股权捐赠不仅需要符合公司法、证券法的规定，还需要遵守中国证监会、证券交易所关于上市公司股票交易限售和信息披露的相关要求，以更好地保护中小股东利益。例如，要遵守我国法律规定的强制要约收购制度，即当股东持股达到一定比例时，强制其向目标公司其他同类股票的全体股东发出公开收购要约。通过证券交易所的证券交易，投资者持有或者通过协议、其他安排与他人共同持有一个上市公司已发行的股份达 30% 时，继续进行收购的，应当依法向该上市公司所有股东发出收购上市公司全部或者部分股份的要约。大额的股权捐赠存在潜在收购风险的时候亦应该履行上述法律规定，并且应该对股权捐赠的情况做必要的信息披露。但是，上述规定的履行将直接改变上市公司股权结构、治理模式，甚至经营状况，对于上市公司的生存发展有重要影响，应属于股权捐赠在实践中应尽量避免的情况。

另外，无论股权捐赠涉及何种公司形式，都会不可避免地遇到其他股东对于股权受赠方的信任危机。慈善机构作为新股东到底应该如何行使共益权，如何参与公司治理，仍然是法律上的新课题。

二、退股引起的股权变动

我国《公司法》并未直接对退股作出规定，而是就股权回购和公司解散进行了规定。但考察上述两项制度安排，对于原股东，在股权变动上，实际产生了退股的法律效力。

从我国《公司法》有关退股制度的相关规定来看，退股权利实质上包含两方面内容。一方面，股权回购请求权，在实践中又被称为“法定退股权”，即针对《公司法》第七十四条列举的法定情形，股东对其形成的公司决议投反对票时，可以通过请求公司收购其持有股份的方式退出。公司收购股份之后即在事实上持有了自己的股份，但是由于我国法律明令禁止公司持有自己的股份，公司在回购的法定时间内应该到有关部门对该股份予以注销或转让给他人。另一方面，公司解散请求权，在实践中被称为“事实退股权”。持有公司全部股东表决权百分之十以上的股东在公司经营情况严重恶化，继续存续可能遭受严重利益损失的情况下，可以请求人民法院解散公司。在公司依法解散之后，股权当然消失。

退股权的性质应从两方面分析。一方面，股东通过请求公司收购其所持股份的方式行使退股权被法律定义为“异议股东回购请求权”，但是名称上的“请求权”并非实质的请求权。因为如果根据退股权的请求方式认定其性质上为请求权，股东行使请求权之时需要公司予以承诺，股份买卖才告成立，而公司只要不承诺买卖就不成立，股东需经诉讼并持有效判决才能请求公司履行收购义务，则股东退股权就很难起到保护中小股东利益的作用。因此，股东退股权应被视为形成权才更符合其立法目的，其表现形式是通过异议股东单方作出退股的意思表示即可发生股权变动。当然，符合法定条件的股东在作出退股意思表示的时候应该以公司为相对人，只要股东退股意思表示真实有效且符合法律规定，公司应该在法定期限内履行收购义务[①]。另一方面，对于行使退股权利的股东而言，公司解散请求权与股权回购请求权的效果是一样的，即均能满足其退股的要求。诚然，相对于部分股份的回购而言，公司解散是更为严重的法律后果，因此，法律对于以通过解散公司的方式实现退股作出了更为严格的规定。根据《公司法》第一百八十二条，股东行使公司解散请求权必须持有公司全部股东表决权百分之十以上的股份，且必须通过诉讼的方式行使。可见，尽管同为实现退股的法律手段，公司解散请求权的性质不同于股权回购请求权，其权利行使方式必须通过诉讼且只有通过法院有效判决才能实现其退股目的，因此，此时的退股权应视为请求权。

《公司法》赋予了有限责任公司股东法定退股权以及股份有限公司股东与有限责任公司股东都享有的解散公司请求权，但是其适用范围明显不能满足股东退股的现实需求。尤其是对于有限责任公司的股东而言，由于有限责

① 黄爱学．异议股东收买请求权的法律性质[J].甘肃政法学院学报，2013（1）：64-68.

任公司具有典型的人合性特征，股东入股之后较难实现对外股权转让，退股成为解决公司经营纠纷和控制投资风险的重要解决途径。但是，实践中有限责任公司股东退股并不容易，《公司法》第七十四条适用范围过窄且适用条件极为苛刻，在实践中不能完全满足股东退股需求。结合笔者执业经验，股东退股的客观需求主要表现为以下几点。第一，股东死亡，继承人不愿意或者不适合继承股东身份。财产性是股权的重要属性之一，因此，股权根据我国《继承法》的规定可以作为遗产，由继承人继承。除非公司章程有特别规定排除股东继承人享有股权的情况，继承人当然享有股权。但是，现实中也存在继承人不愿意继承股东身份或者继承人为限制民事行为能力人、无民事行为能力人、其法定代理人不愿意行使股东权利的情况。此时，如果该类主体对外转让股权受阻，退股以套现则成为继承人的普遍诉求。第二，股东离异，共有股权分割问题。如果夫妻双方一方持有某公司股权，在离婚诉讼中非股东的一方常会提出请求公司收购其分得的股权、将分割到的股权变现的诉求。尤其针对人合性较高的有限责任公司而言，非股东的配偶对外转让所分得股权并不容易，因此，请求公司回购股份成为其强烈诉求。第三，公司经营风险超出股东预期，为控制损失而退股。尽管《公司法》第七十四条列举出“公司合并、分立、转让主要财产”等法律认为公司经营风险增加的情况，但是，在实践中公司经营风险并不限于此，且极有可能某个商业计划会影响公司生存发展。因此，在特定的几种法定退股事由之外，确有股东希望能在有决定性影响的商业计划通过之前退出公司。第四，公司陷入僵局，无法作出有效决定。对有限责任公司而言，其成立之初是以人合为基础的。但不可否认，实践中经常出现股东因经营意见不合反目成仇的现象，公司陷入僵局，难以作出有效决定，并且由于公司内部存在问题，股权难以对外转让。此时，多数股东希望通过请求公司回购股权的方式离开公司。第五，中小股东遭受控股股东欺压，权益受损。保护中小股东权益是《公司法》第七十四条的主要立法目的之一，但是在实践中由于该条款规定较为严苛，保护力度相对较弱。例如，该条款规定公司连续五年盈利且符合利润分配条件而不向股东分配利润之时，股东才能退股，但实践中多数股东希望能在两年、三年或四年之时就能尽早离开公司以控制自己的投资风险。第六，其他情形。如股东移居国外、因疾病长期不能参加公司治理或者经济情况严重恶化不足以支付生活费用等其他不便于行使股东权利又急需资金的情况。当上述一种或多种情况出现时，股东退股是基于客观需要的，但法律却以维持公司资本法定和保护债权人权益为名，对股东退股请求设置了诸多障碍。其法律效果之一，则是人们在投资于公司时就显得格外谨慎，尤其是有限责任公司这类小额投资，考虑到有去无回的法律规定，投资热情将被大大抑制。

尽管法定退股权在实践中的操作空间并不大，但是2005年《公司法》对于有限责任公司股东退股权的确认已经是法律的重大进步。按照1993年的《公司法》，股东并不享有法定退股权利，一旦投资即与公司紧密绑定，而不论是否因情事变更确有退股需求。我国法律之所以这样规定主要是受到大陆法系传统资本三原则理论的影响。资本确定、资本维持与资本不变并称为“资本制度三项基本原则”，大陆法系学者普遍认为公司资本三原则具有维护公司正常运营和保障债权人权益的双重功效。如果法律赋予股东退股权则意味着股东可以抽逃出资，这将间接导致公司资本的减少从而损害债权人利益。但事实上，随着公司经营范围和能力的不断扩张，公司资本始终处于变化之中，资本的始终不变根本不可能实现。有学者认为，公司法最初的设计目标与现实出现了极大的反差，过分相信和依赖资本的担保功能并不能防止股东抽逃出资的行为，亦不能实现保障债权人利益的目的；并且强行把“心生异动”的股东限制在公司反而可能造成公司内部矛盾激化，影响公司的经营发展并实质性地导致债权人利益无法保障。从现行法律的规定来看，资本三原则的理论影响正在逐渐减小，其已经不能阻碍股东退股权利的行使。

一方面是资本三原则影响的减弱，另一方面随着私法自治的法律理念深入人心，学者普遍认为股东之间以及股东与公司之间更应该遵循契约自由的原则。当股东基于特定事由或者合理期待落空的时候，选择退股实际上是契约自由的表现形式之一，法律应该允许契约当事人保有创设或消灭契约关系的权利。公司作为依赖于私权成立的团体应该是可分界的，不应该将限制成员退出作为其维持经营的手段，尤其是在股东合理期待落空的时候，即便是基于诚实信用的考虑也应该赋予缔约当事人以解约的权利。

鉴于股东退股权存在的客观需要与法理基础，《公司法》第七十四条和第一百八十二条均对股东退股权作出了规定。第七十四条（异议股东收买请求权）规定有下列情形之一的，对股东会该项决议投反对票的股东可以请求公司按照合理的价格收购其股权：“（一）公司连续五年不向股东分配利润，而公司该五年连续盈利，并且符合本法规定的分配利润条件的；（二）公司合并、分立、转让主要财产的；（三）公司章程规定的营业期限届满或者章程规定的其他解散事由出现，股东会会议通过决议修改章程使公司存续的。”根据该条款规定，股东退股权的行使必须基于特殊法定事由以及满足特定条件，主要出于对以下几方面的考虑。第一，该条款的设计是以保护有限责任公司中小股东利益为基础的，当现实中出现上述特定情形时，中小股东难以改变公司经营状况，只要股东对于此类事项的表决投了反对票就可以行使法定退股权利。第二，该条款明确列举了法定退股的情形，包括公司连续五年盈利且符合利润分配条件而不分配的，公司合并、分立、转让主要财产的以及通过修改章程延续公司存续时间的。除此类明确规定的事项之外，股东不享有请求公司回购股份的权利。第三，股东行使法定退股权的条件是对上述事项在决议中投反对票，这意味着只能投反对票，投弃权票或未出席股东会的股东不能行使法定退股权。

我国目前只有有限责任公司的股东享有股权回购请求权，而股份有限公司的股东只能通过股份对外转让的形式达到退出公司的目的。现实中，有的律师认为法律仅赋予有限责任公司股东以上事由的退股权而忽视了股份有限公司股东退股的需求是不公平的，因为后者也存在需要法律保护的中小股东。但是，笔者认为法律针对不同公司类型作出的差别性规定是基于公平和效率两方面的平衡考虑的。不同于有限责任公司的人合性特点，股份有限公司是典型的资合公司，股份有限公司股东转让股份不需要经过公司其他股东同意，亦不需要经由公司内部程序批准，因此，股份有限公司的股东较有限责任公司股东来说，客观上更容易实现股权转让。当然，股权能否转让主要受制于公司经营情况，如果公司经营状况良好、具有一定升值潜力，股东转让其所持股份的可操作性较大；而如果公司经营状况或升值潜力下降，股权则变成了烫手山芋，无人敢接，这种情况下股份有限公司的中小股东确实很难受到保护。但是，我们应该认识到《公司法》的立法目的在于保护商业秩序和适度公平，而不是保障投资者的利益不受损失，且法律也不能做到这一点。法定退股制度旨在保护确有股权转让困难的弱势股东，而非保护股东的投资和收益。作为股东，尤其是资合性明显的股份有限公司的股东，应该具备足够的商业理性和风险意识，也应该为自己的投资行为买单。

《公司法》中另外一项有关退股制度的规定为第一百八十二条，公司经营管理发生严重困难，继续存续会使股东利益受到重大损失，通过其他途径不能解决的，持有公司全部股东表决权百分之十以上的股东，可以请求人民法院解散公司，该条款又叫“公司解散请求权”。与第七十四条不同，该条款可以适用于有限责任公司与股份有限公司两种形式，但是其请求权行使主体必须满足特定持股比，即“公司全部股东表决权百分之十以上”。

《最高人民法院关于适用〈中华人民共和国公司法〉若干问题的规定

（二）》（以下简称《公司法司法解释二》）针对实践中出现的股东行使公司解散请求权作出了更为详细的规定，明确和细化了所谓“公司经营发生严重困难”的情形：“（一）公司持续两年以上无法召开股东会或者股东大会，公司经营管理发生严重困难的；（二）股东表决时无法达到法定或者公司章程规定的比例，持续两年以上不能做出有效的股东会或者股东大会决议，公司经营管理发生严重困难的；（三）公司董事长期冲突，且无法通过股东会或者股东大会解决，公司经营管理发生严重困难的；（四）经营管理发生其他严重困难，公司继续存续会使股东利益受到重大损失的情形。”无论是有限责任公司股东抑或是股份有限公司股东，只要所持全部表决权在百分之十以上就可以基于上述任何一种情形请求人民法院解散公司，且人民法院必须受理。

可见，法律对于股东通过请求解散公司的方式实现退股目的的权利行使设定了极为严格的要求。

三、股权转让引起的股权变动

此处所称股权转让，是指股东将其持有的股权依法或依约定转让给他人的行为。此处股权转让指向的对象既包含有限责任公司，也包含股份有限公司。股份公司中，既包含上市公司，也包含未上市的股份公司。作为引起股权变动的最主要的原因，股权转让实际是对一大类法律行为的概括。由于具体转让标的和转让方式的不同，股权转让实际包含很多种具体的转让形式或交易方式，如有限责任公司的股权转让、非公众公司的股权转让、公众公司的股权转让、上市公司的股权转让、优先股的转让、股权的转让与回购（即“买入返售”）。下面讨论几种比较重要的或比较特殊的股权转让。

（一）有限公司的股权转让

有限责任公司作为我国各类公司中最主要、最活跃的公司类型，其股权的转让也是非常频繁和活跃的。因而有限责任公司的股权转让是股权转让中一种非常重要的转让形式，也是引起股权变动很重要的原因之一。

依据股权转让的受让方是否为公司原股东，可以把有限责任公司的股权转让区分为内部转让和外部转让。股权内部转让，是指作为转让方的股东将股权转让给公司的内部成员，即股权仅在公司内部之间流转的转让行为。《公司法》第七十一条第一款规定：“有限责任公司的股东之间可以相互转让其全部或者部分股权。”从该条款来看，股权的对内转让享有绝对自由，即股东可随意转让给任何一个自愿受让该股权的股东而不需要经由其他股东的同意，亦不受任何转让形式的约束。

股权的外部转让是指股东向其他公司成员以外的第三人转让股权的行为。股权对外转让与对内转让无论在法律上还是实质上都存在很大差别，这主要是由于股东对外转让股权会对有限责任公司的人合性产生重要影响，甚至可能对公司股东之间的信任关系造成威胁。因此，公司法对股权内部转让采取宽松自由的态度却对股权的外部转让进行严格把控，并规定了严格的条件和程序。其中最重要的程序当属对外转让股权要尊重原股东的优先购买权。《公司法》第七十一条第二款规定："股东向股东以外的人转让股权，应当经其他股东过半数同意。股东应就其股权转让事项书面通知其他股东征求同意，其他股东自接到书面通知之日起满三十日未答复的，视为同意转让。其他股东半数以上不同意转让的，不同意的股东应当购买该转让的股权；不购买的，视为同意转让。"该条第三款规定："经股东同意转让的股权，在同等条件下，其他股东有优先购买权。两个以上股东主张行使优先购买权的，协商确定各自的购买比例；协商不成的，按照转让时各自的出资比例行使优先购买权。"此外，《公司法》第七十二条规定："人民法院依照法律规定的强制执行程序转让股东的股权时，应当通知公司及全体股东，其他股东在同等条件下有优先购买权。其他股东自人民法院通知之日起满二十日不行使优先购买权的，视为放弃优先购买权。"上述规定，被视为我国《公司法》关于老股东同意权和优先购买权制度的规定，亦是《公司法》对有限责任公司股权转让的限制。

（二）非上市公众公司和非公众公司的股权转让

股份有限公司中，我国现行法律对上市公司的股权变动，尤其是股权转让，有比较完善的具体规则。相对于上市公司明确且细致的立法规定而言，法律对于非上市股份公司的关注很长一段时间都显得不够。尤其是对于非上市股份公司的股权变动（特别是股份转让）的具体规则迟迟未能明确，甚至长期处于空白状态。最直接的例子——参照《公司法》和《中华人民共和国证券法》（以下简称《证券法》）的规定，有意向交易的股权转让方不能明白该如何对还未上市的股份公司的股权交易进行操作。《证券法》只是在"证券交易"一章对上市公众公司的股份交易和转让作出相关规定，并未涉及"公开发行但并未上市的"非上市公众公司的股权交易相关问题，仅将其纳入中国证监会监管的范围。规则缺位也使得该部分公司股权交易问题突出，金融欺诈、非法证券经营活动等现象时有发生。在实务操作中，由于《公司法》与《证券法》中的限制性法规都集中针对上市公司，因此，有的股东或律师认为非上市股份公司的股权交易事实上可以随意进行，或者说私下协议买卖。但是，《证券法》第三十七条明确规定，依法公开发行的股票、公司债券及其他证券，应当在依法设立的证券交易所上市交易或者在国务院批准的其他证券交易场所交易。由此看来，私下协议转让股权并不符合法定交易场所和交易方式的要求，其合法性受到质疑。

（三）优先股的转让

2013 年 11 月 30 日，国务院发布了《国务院关于开展优先股试点的指导意见》（国发〔2013〕46 号），决定开展优先股试点。该指导意见指出，开展优先股试点，有利于进一步深化企业股份制改革，为发行人提供灵活的直接融资工具，优化财务结构，推动兼并重组；有利于丰富证券品种，为投资者提供多元化的投资渠道，提高直接融资比重，促进资本市场稳定发展。为贯彻落实《国务院关于开展优先股试点的指导意见》，加快推进资本市场改革创新，2014 年 3 月 21 日，中国证券监督管理委员会（以下简称“中国证监会”）发布了《优先股试点管理办法》。2014 年 4 月 1 日，中国证监会制定并发布了上市公司发行优先股相关信息披露准则，包括《公开发行证券的公司信息披露内容与格式准则第 32 号——发行优先股申请文件》《公开发行证券的公司信息披露内容与格式准则第 33 号——发行优先股预案和发行情况报告书》《公开发行证券的公司信息披露内容与格式准则第 34 号——发行优先股募集说明书》。这三个准则是落实《国务院关于开展优先股试点的指导意见》和《优先股试点管理办法》的重要配套文件。根据《国务院关于开展优先股试点的指导意见》和《优先股试点管理办法》的规定，优先股是指依照公司法，在一般规定的普通种类股份之外，另行规定的其他种类股份，其股份持有人优先于普通股股东分配公司利润和剩余财产，但参与公司决策管理等权利受到限制。从美国优先股制度演变过程可以发现，优先股的产生、制度的初步建立、大危机过后优先股制度陷入困境到优先股制度的改进和逐步完善都是特定历史经济背景下的产物。起初的优先股就是源于美国铁路大建设时期需要巨额的资金支持，前期资金投入多，同时建成后有实际收益这样的经济环境。之后优先股的发展、完善的过程都是与经济发展紧密相连的。

优先股在境外市场是成熟的证券品种，在我国也有很强的现实需求。目前，开展优先股试点具有多方面的积极意义：①有利于加快发展直接融资，补充企业资本。优先股属于股债连接产品，可以作为现有股票和债券之外的重要的直接融资工具。优先股作为资本，可以降低企业整体负债率；作为负债，可以增加长期资金来源，缓解资产负债期限错配问题。同时，由于优先股股东可以获得相对固定的股息回报，并在企业解散、破产时优先受偿，降低了投资风险，增强了投资者直接投资企业的意愿。②有利于商业银行创新资本工具，满足资本监管要求。为落实新巴塞尔协议，增强我国商业银行抗风险能力，我国银监会对商业银行资本监管提出了新要求。发行可计入其他一级资本的优先股可以作为商业银行充实资本的重要措施。③有利于为投资者提供多元化投资渠道，增加新型的固定收益产品。我国资本市场存在上市公司分红水平不高、有稳定回报的投资产品不多等问题，影响了市场的投资积极性。优先股以市场化方式促进上市公司合理实行现金分红，为保险资金、社保基金、企业年金等提供多元化投资工具，同时也拓展了居民的投资渠道。④有利于支持企业兼并重组，推动行业整合和产业升级。目前，收购人仅能以现金支付或以本公司普通股换股的方式收购其他公司，前者资金压力大，后者则可能会影响收购人的控制权结构。与普通股不同，优先股可根据并购双方的需求灵活设计，解决企业并购重组的实际困难，支持企业兼并重组活动。⑤有利于丰富证券品种，促进市场稳定发展。优先股属于兼具股票和债券属性的混合类证券，其推出有利于进一步丰富我国资本市场的证券品种，促进资本市场发展。今后，上市公司可以将公开发行优先股与回购普通股组合操作，既有利于优化股权结构，也有助于进行市值管理，提振投资者信心。

上市公司可以发行优先股，非上市公众公司可以非公开发行优先股。三类上市公司可以公开发行优先股：①其普通股为上证 50 指数成分股；②以公开发行优先股作为支付手段收购或吸收合并其他上市公司的；③以减少注册资本为目的回购普通股的。它们可以公开发行优先股作为支付手段，或者在回购方案实施完毕后，可公开发行不超过回购减资总额的优先股。上市公司发行优先股，可以申请一次核准，分次发行。上市公司非公开发行优先股仅向《优先股试点管理办法》规定的合格投资者发行，每次发行对象不得超过二百人，并且相同条款优先股的发行对象累计不得超过二百人。优先股交易或转让环节的投资者适当性标准应当与发行环节保持一致；非公开发行的相同条款优先股经交易或转让后，投资者不得超过二百人。

申请发行优先股的上市公司（以下简称“发行人”），应当按照中国证监会《公开发行证券的公司信息披露内容与格式准则第 33 号——发行优先股预案和发行情况报告书》的要求编制发行优先股预案（以下简称“发行预案”），作为董事会决议的附件，与董事会决议同时披露。公开发行优先股发行结束后，发行人应按证券交易所有关规定披露上市公告书；非公开发行优先股发行结束后，发行人应当按照准则要求编制并披露发行情况报告书。发行预案是股东决策的重要依据，披露发行预案是公司融资决策的重要步骤，强化预案披露内容有利于保护中小投资者的知情权和决策权，维护市场公平。发行预案包括两方面内容：一是依照法律和公司章程需要股东表决的事项，包括优先股的种类和数量、发行方式、价格、股息率、优先股股东参与分配利润的方式、回购条款等十二项内容；二是有利于中小股东在融资决策中形成正确判断的事项，如优先股发行的目的、发行优先股对发行人及原股东产生的风险、本次募集资金使用计划、董事会关于本次发行对公司影响的讨论与分析等。中小股东可以充分利用这些信息，更清楚地了解优先股的特点和风险，作出符合自身利益的决策。中国证监会也将充分关注中小股东的投票情况。募集说明书重点突出发行条款、风险因素等与投资者价值判断密切相关的披露内容，鼓励采用相互引证和索引的方法进行披露，引导投资者关注日常信息披露文件。为降低发行人披露成本，便于投资者快速浏览，要求将募集说明书全文在指定网站披露，同时把募集说明书核心内容浓缩成三张表格的募集说明书概览在指定报刊刊登。对于有申购意愿的，概览在显要位置提示投资者，在申购前请认真阅读募集说明书全文。

回顾境外优先股发展的历程，笔者发现，优先股的一项重要运用是为经营暂时困难但总体资产状况良好的公司提供融资工具。因此，《优先股试点管理办法》第十九条规定了“最近 3 个会计年度实现的年均可分配利润应当不少于优先股一年的股息”的一般性要求，使非公开发行优先股的条件更为合理，同时要求公开发行优先股的上市公司满足最近 3 个会计年度连续盈利的条件。

根据《国务院关于开展优先股试点的指导意见》，公司可以在公司章程中规定优先股转换为普通股、发行人回购优先股的条件、价格和比例。转换选择权或回购选择权可规定由发行人或优先股股东行使。发行人要求回购优先股的，必须完全支付所欠股息，但商业银行发行优先股补充资本的除外。优先股回购后相应减记发行在外的优先股股份总数。有投资者认为，可转换优先股可能会成为新的“大小非”，摊薄普通股权益，导致普通股二级市场价格下跌，建议禁止优先股转换为普通股，或者延长禁止转换的期限。为进一步保护个人投资者权益，保证试点平稳实施，中国证监会采纳了投资者的意见，在《优先股试点管理办法》中规定：“上市公司不得发行可转换为普通股的优先股。”同时，考虑到商业银行资本监管的特殊要求，《优先股试点管理办法》规定，商业银行可根据商业银行资本监管规定，非公开发行触发事件发生时强制转换为普通股的优先股。

优先股发行后可以申请上市交易或转让，不设限售期。公开发行的优先股可以在证券交易所上市交易。上市公司非公开发行的优先股可以在证券交易所转让，非上市公众公司非公开发行的优先股可以在全国中小企业股份转让系统转让且其转让范围仅限合格投资者。交易或转让的具体办法由证券交易所或全国中小企业股份转让系统另行制定。优先股交易或转让环节的投资者适当性标准应当与发行环节保持一致。非公开发行的相同条款优先股经交易或转让后，投资者不得超过二百人。优先股可以作为并购重组支付手段。上市公司收购要约适用于被收购公司的所有股东，但可以针对优先股股东和普通股股东提出不同的收购条件。

发行人可以回购优先股，包括发行人要求赎回优先股和投资者要求回售优先股，应在公司章程和招股文件中规定具体的回购条件。发行人要求回购优先股的，必须完全支付所欠股息，但商业银行发行优先股补充资本的除外。优先股回购后相应减记发行在外的优先股股份总数。

根据《国务院关于开展优先股试点的指导意见》，除以下情况外，优先股股东不出席股东大会会议，所持股份没有表决权：（1）修改公司章程中与优先股相关的内容；（2）一次或累计减少公司注册资本超过百分之十；（3）公司合并、分立、解散或变更公司形式；（4）发行优先股；（5）公司章程规定的其他情形。上述事项的决议，除须经出席会议的普通股股东（含表决权恢复的优先股股东）所持表决权的三分之二以上通过之外，还须经出席会议的优先股股东（不含表决权恢复的优先股股东）所持表决权的三分之二以上通过。公司累计三个会计年度或连续二个会计年度未按约定支付优先股股息的，优先股股东有权出席股东大会，每股优先股股份享有公司章程规定的表决权。对于股息可累积到下一会计年度的优先股，表决权恢复直至公司全额支付所欠股息。对于股息不可累积的优先股，表决权恢复直至公司全额支付当年股息。公司章程可规定优先股表决权恢复的其他情形。

（四）股权收益权买入返售交易

买入返售交易，通常由银行、信托公司、证券公司或基金子公司等募集资金用于购买融资方持有的标的资产的受益权，同时融资方将标的资产抵押或者质押给银行、信托公司、证券公司或基金子公司，并按照约定的溢价回购标的资产的受益权。买入返售权益资产可以运用相对固化或具备一定价值的权益资产，对没有足够现金流入的资产提供流动性支持，使融资方获取资金后的用途相对灵活。该类业务的后期管理也与标准资产买入返售业务不同，对项目的把控主要以权益的标的资产为基础。买入返售交易涉及的权益资产包括债权、股权、物权、混合权益等，此处讨论的是涉及股权的交易。目前，实务中买入返售交易主要通过信托公司的信托计划或者证券公司、基金子公司的专项资产管理计划来进行。鉴于证券公司、基金子公司的专项资产管理计划的交易模式基本与信托公司的信托计划相似，因此，为简便起见，以下仅讨论信托计划，但除非有特别说明，均同样适用于证券公司、基金子公司的专项资产管理计划。

买入返售证券类业务始于20世纪40年代的西方国家。20世纪90年代，我国在没有任何法律、法规、行政规章乃至规范性文件规范的情形下，买入返售业务中的证券回购得以迅速发展，并因此引发了大量的纠纷，对金融业的发展和社会的稳定造成了严重的负面影响。买入返售相关业务对金融、经济和社会发展带来的创伤使我们认识到，在金融业改革、开放和发展的任何一个过程中，法律的规范、引导和保护是不可或缺的。但是，即使在证券回购市场高度发达的美国，也没有从法律上对证券回购加以明确界定，从而使得买入返售的法律性质一直处于不确定之中。目前，国际上对于买入返售的法律定性还没有定论，普遍采取了实用主义态度，普遍采用美国公共证券业协会（Public Securities Association，PSA）和国际证券市场协会（International Securities Market Association，ISMA）的通用基本回购协议作为买断式回购的蓝本，各国再推出适合自身市场运行的交易协议。买入返售业务具备了买卖和质押贷款两种性质，资金和标的物可能都是交易的对象，其与让与担保类似。让与担保与买入返售交易合约中设定的所谓质押关系具有很好的契合性，而且让与担保能够有效地克服流质契约给买入返售交易带来的障碍。让与担保制度源于罗马法上的信托，它通过吸收罗马法上的信托行为成分，经由判例学说发展成为一种非典型担保制度。其在德国、日本和我国台湾地区已经发展成一种相当成熟的制度。随着市场经济的飞速发展，传统担保法的传统的担保类型、质押、抵押、留置、保证难以解决现代市场经济风险性与经济参与主体高度融资需求之间的矛盾，也无法协调交易参与者融资需求与担保物占有用益要求之间的冲突等。以让与担保为代表的非典型担保制度在此背景下应运而生。让与担保是指债务人或第三人为担保债务人的债务，将一定担保物的权利先行移转给担保权人，当债务人不履行债务时，担保权人可就该担保物的价值直接受偿，如债务人按时清偿债务，则该担保物的权利应当返还给债务人或第三人的制度。这种特殊的担保权利即为让与担保权。让与担保权具有以下法律特征：①让与担保权从属于事先的存在主债权；②让与担保权以先行移转担保物的权利的方式达到担保债权的目的；③让与担保权的担保物不一定要移转，占有亦可成立；④让与担保权的客体主要限于动产；⑤让与担保权是一种约定担保权，必须有当事人的合意方可成立。让与担保的最大特征在于担保设定人将标的物的权利移转于担保权人，因此，担保标的物只要具有可让与性，就可设定让与担保。为此，凡是具有可让与性的权利，无论是物权、准物权、债权、股票，还是无体财产权等具有财产价值的权利，均可以成为让与担保权的客体，从而对不能设定抵押、质押、留置三类典型担保的标的物设定担保，弥补了典型担保的缺陷。这也很好地满足了买入返售业务标的物的多样性。对于社会上各种新形成或尚在形成中的财产权利（如建设中的不动产），其自身或与其他财产权利结合后，具有相当高的经济价值，但法律尚不允许这些财产权利作为抵押权或质权的标的物。因此，这些权利要得到法律承认还需经过一段时间，但企业融资的迫切需求难以容忍法律的滞后性，这时让与担保可缓解此种尴尬。

四、公司合并、分立、增资、减资引起的股权变动

除股权转让外，公司合并、分立、增资或减资都会使公司的注册资本发生变化，相应地，公司股权也会发生变动。涉及公司合并、分立、增资或减资，其交易安排都较一般的股权转让复杂。但仔细分析，实际上仍然脱离不了股权转让，很可能是涉及多方之间、多次的股权转让。例如，公司合并，可能需要拟合并的两家公司之间进行换股交易。又如，公司增资，若是通过新股东的溢价受让老股东的股权，则是老股东与新股东之间的股权转让。再如，公司通过回购股权减资的，则是公司从其他股东处受让股权。

五、股权质押及股权实现引起的股权变动

为担保债务的履行，债务人或者第三人（即出质人）可以将其有权处分的可以转让的股权出质给债权人，在债务人不履行到期债务或者发生当事人约定的实现质权的情形时，债权人（即质权人）有权就该股权优先受偿。股权在出质情形下，其权利行使受到了限制。除非出质人与质权人协商同意，否则出质股权不得转让。鉴于本书讨论的股权变动采用宽泛的概念，我们认

为股权质押也应被视为引起股权变动的原因之一。当然，在出现债务人不履行到期债务或者发生当事人约定的实现质权的情形、质权人实现质权时，出质股权也会因折价、拍卖或变卖而发生变动。因此，在股权质押情形下，股权有可能发生两次变动：第一次变动为质权设立之时，第二次变动为质权实现之时。

随着我国经济蓬勃发展，各种投融资活动空前活跃，融资需求越来越旺盛。股权质押，与抵押一样，成为主要的融资担保措施之一。不论是有限责任公司的股权，还是股份有限公司的股权（股份），都在各种融资安排中被融资人娴熟运用。尤其在最近几年，国家鼓励开展金融创新，证券公司、银行、信托公司、基金公司等纷纷利用股权质押这种担保模式开展融资活动，如证券公司的股票质押式回购交易、以股权质押为担保措施的各类信托计划或专项资产管理计划等。股权质押及质权的实现已经成为引起股权变动的重要原因之一，因而对股权质押的讨论是非常必要的。用于出质的股权，根据其本身的出售是否受到限制，可以分为非限售股和限售股。鉴于非限售股和限售股在股权出质和质权实现上存在差异，下面分别予以讨论。

（一）非限售股质押

依据《中华人民共和国物权法》（以下简称《物权法》）第二百二十三条的规定，债务人或者第三人可以用有权处分的可以转让的股权出质。因此，对于不限制转让的股权，其作为质物不存在争议或疑问。当事人只要依法订立书面合同并办理相应出质登记手续，即可设立质权。需要注意的是，因出质股权不同，办理股权出质的登记机构也有所不同。以证券登记结算机构登记的股权出质的，质权自证券登记结算机构办理出质登记时设立；以其他股权出质的，质权自工商行政管理部门办理出质登记时设立。

股权出质后，原则上不能转让。其理由：①出质人的股权虽然被出质了，但其仍属于股东，转让股权是对股权的处分，是股东的权利，质权人无权转让作为债权担保的股权，否则构成对股东权利的侵害。②股权虽为出质人所有，但其作为债权的担保，是有负担的权利，如果随意转让可能会损害质权人的利益，不利于担保债权的实现。所以，股权出质后原则上不能转让，但如果出质人与质权人协商一致，均同意转让出质股权，那么这属于双方当事人对自己权利的自由处分，法律自然允许。但转让股权所得的价款，并不当然用于清偿所担保的债权，因为此时债务清偿期限尚未届至，出质人应当与质权人协商，将所得的价款提前清偿所担保的债权或提存。提前清偿债权的，质权消灭；提存的，质权继续存在于提存的价款上[①]。

（二）限售股质押

所谓限售股，就是指出售受到限制的股票。《公开发行证券的公司信息披露内容与格式准则第5号——公司股份变动报告的内容与格式（2007年修订）》规定，“有限售条件股份是指股份持有人依照法律、法规规定或按承诺有转让限制的股份，包括因股权分置改革暂时锁定的股份、内部职工股，机构投资者配售股份，董事、监事、高级管理人员持有股份等”。关于限售股的规定，散见于各种法律、行政法规、部门规章之中。根据限售的原因，我们大致可以将限售股分为三类：股改限售股、承诺限售股及法定限售股。

虽然《物权法》赋予质权人可以自立救济的方式实现质权，但在以限售股出质的情形下，如果解除限售条件的时点早于实现质权或者提前变现质押财产的时点，因出质股票的限售条件尚未解除，质权人并不能以协议折价、自行拍卖、二级市场出售、大宗交易等方式实现限售股质权，而只能通过司法途径以拍卖方式来实现。在实现质权或提前变现质押财产的三个时点中，约定实现质权、质押财产毁损或者价值明显减少足以危害质权人权利的情形出现，这两个时点的出现是质权人难以控制的。出现这两个时，质权人只能通过司法拍卖实现限售股质权。而债务的履行期限则是事先可以确定的，因此，质权人在签订质押合同的时候，应尽量确保解除限售条件的时点早于限售股解除限售条件的时点，以保障债务人在债务到期不履行债务时，质权人可以快捷地自行变现质押股权[②]。

六、股票质押式回购交易引起的股权变动

股票质押式回购交易是2013年试行的创新业务。依据上海证券交易所与中国证券登记结算有限责任公司（以下简称“中国结算”）共同制定的《股票质押式回购交易及登记结算业务办法（试行）》，股票质押回购是指符合条件的资金融入方（以下简称“融入方”）以所持有的股票或其他证券质押，向符合条件的资金融出方（以下简称“融出方”）融入资金，并约定在未来返还资金、解除质押的交易。提供交易服务的证券公司根据融入方和融出方

---

① 全国人大常委会法制工作委员会民法室．《中华人民共和国物权法》精解[M]. 北京：人民出版社，2007：394-395.

② 任静．限售流通股质押的法律问题研究[J]. 洛阳理工学院学报（社会科学版），2016，31（6）：71-73，78.

的委托向上交所综合业务平台的股票质押回购交易系统（以下简称“交易系统”）进行交易申报。交易系统对交易申报按相关规则予以确认，并将成交结果发送中国结算上海分公司。中国结算上海分公司依据上交所确认的成交结果为股票质押回购提供相应的证券质押登记和清算交收等业务处理服务。

融入方是指具有股票质押融资需求且符合证券公司所制定的资质审查标准的客户。融出方包括证券公司、证券公司管理的集合资产管理计划或定向资产管理客户、证券公司资产管理子公司管理的集合资产管理计划或定向资产管理客户。专项资产管理计划参照适用。融入方、融出方、证券公司各方根据相关法律法规、部门规章及《股票质押式回购交易及登记结算业务办法（2018 年修订）》的规定，签署《股票质押回购交易业务协议》（以下简称《业务协议》）。集合资产管理计划客户为融出方的，集合资产管理合同应约定在股票质押回购中质权人登记为管理人；定向资产管理客户为融出方的，定向资产管理合同应约定在股票质押回购中质权人登记为定向资产管理客户或管理人。股票质押回购的质押物管理，采用由中国结算上海分公司对融入方证券账户相应标的证券进行质押登记或解除质押登记的方式。质押登记办理后，标的证券的状态为质押不可卖出。除违约处置外，融入方不得将已质押登记的标的证券申报卖出或另作他用。

待购回期间，标的证券产生的无须支付对价的股东权益，如送股、转增股份、现金红利等，一并予以质押；标的证券产生的需支付对价的股东权益，如以老股东配售方式的增发、配股等，由融入方自行行使，所取得的证券不随标的证券一并质押。融入方基于股东身份享有出席股东大会、提案、表决等权利。

融入方将有限售条件股份用于股票质押回购的，解除限售日应当早于回购到期日。质押标的证券为有限售条件股份，若违约处置时仍处于限售期，则可能存在无法及时处置的风险。标的证券质押或处置需要获得国家相关主管部门批准或备案的，融入方应遵守相关法律法规的规定，事先办理相应手续。否则，融入方应自行承担由此而产生的风险。

股票质押回购与买入返售的主要区别在于标的资产的所有权归属不同。在股票质押回购中，融出方不拥有标的资产的所有权，在待购回期内，融出方无权对标的资产进行处置；而在买入返售中，标的资产的所有权发生了转移，买入返售方在回购期内拥有标的资产的所有权，可以对标的资产进行处置，只要到期时有足够的同种资产返售给正回购方即可。

七、融资融券交易引起的股权变动

中国证监会《证券公司融资融券业务管理办法》第二条规定，“本办法所称融资融券业务，是指向客户出借资金供其买入证券或者出借证券供其卖出，并收取担保物的经营活动”。证券公司在向客户融资、融券前，应当与其签订融资融券合同，并明确有关事项：融资、融券的额度、期限、利率（费率）、利息（费用）的计算方式；保证金比例、维持担保比例、可充抵保证金的证券的种类及折算率、担保债权范围；追加保证金的通知方式、追加保证金的期限；客户清偿债务的方式及证券公司对担保物的处分权利；融资买入证券和融券卖出证券的权益处理；违约责任；纠纷解决途径；其他有关事项。证券公司经营融资融券业务，应当以自己的名义，在证券登记结算机构分别开立融券专用证券账户、客户信用交易担保证券账户、信用交易证券交收账户和信用交易资金交收账户。融券专用证券账户用于记录证券公司持有的拟向客户融出的证券和客户归还的证券，不得用于证券买卖；客户信用交易担保证券账户用于记录客户委托证券公司持有、担保证券公司因向客户融资融券所发生债权的证券；信用交易证券交收账户用于客户融资融券交易的证券结算；信用交易资金交收账户用于客户融资融券交易的资金结算。证券公司客户信用交易担保证券账户内的证券和客户信用交易担保资金账户内的资金，为担保证券公司因融资融券所发生对客户债权的信托财产。证券公司客户信用交易担保证券账户内的证券，较非证券公司客户信用交易担保证券账户内的证券，在持有人、权利行使等方面都发生了变动，有其特殊的安排。

作为融资融券担保的证券，其名义持有人需变更为该客户进行融资融券交易的证券公司。证券登记结算机构依据证券公司客户信用交易担保证券账户内的记录，确认证券公司受托持有证券的事实，并以证券公司为名义持有人，登记于证券持有人名册。对客户信用交易担保证券账户记录的证券，由证券公司以自己的名义，为客户的利益，行使对证券发行人的权利。证券公司行使对证券发行人的权利，应当事先征求客户的意见，并按照其意见办理。对证券发行人的权利，是指请求召开证券持有人会议、参加证券持有人会议、提案、表决、配售股份的认购、请求分配投资收益等因持有证券而产生的权利。由于名义股东发生了变更，客户虽然仍然可以行使对证券发行人的权利，但必须以证券公司的名义进行。实践中程序相对复杂，较难操作，例如客户拟参加证券发行人的股东大会。证券发行人（即上市公司）仅依据证券登记结算机构登记的股东名册确认有权参加股东大会的股东。由于股东名册上的股东登记为证券公司，证券公司需要给该融资融券客户授权，该融资融券客户方能参加该上市公司股东大会，行使相关权利。

证券登记结算机构受证券发行人委托以证券形式分派投资收益的，应当将分派的证券记录在证券公司客户信用交易担保证券账户内，并相应变更客户信用证券账户的明细数据。证券登记结算机构受证券发行人委托以现金形式分派投资收益的，应当将分派的资金划入证券公司信用交易资金交收账户。证券公司应当在资金到账后，通知托管资金的商业银行对客户信用资金账户的明细数据进行变更。客户融入证券后、归还证券前，证券发行人分配投资收益、向证券持有人配售或者无偿派发证券、发行证券持有人有优先认购权的证券的，客户应当按照融资融券合同的约定，在偿还债务时，向证券公司支付与所融入证券可得利益相等的证券或者资金。证券公司通过客户信用交易担保证券账户持有的股票不计入其自有股票，证券公司无须因该账户内股票数量的变动而履行相应的信息报告、披露或者要约收购义务。客户及其一致行动人通过普通证券账户和信用证券账户合计持有一家上市公司股票及其权益的数量或者其增减变动达到规定的比例时，应当依法履行相应的信息报告、披露或者要约收购义务。

从上文可知，融资融券交易中，证券持有人的股权，从股权的主体到客体和内容，整个股权法律关系均发生了变动，不论是自益权，还是共益权，实际都发生了比较大的变动。与前面所讨论的买入返售或质押式回购不同，股权的控制权发生了根本的转移，该等股权在客户偿还证券公司所融的资金或证券之前，客户无权处置该等股权。

第二节　非基于法律行为发生的股权变动

非基于法律行为发生的股权变动是指由于法律行为之外的其他法律事实如事实行为或事件而引发的股权变动，主要包括继承或受遗赠引起的股权变动、婚姻关系解除引起的股权变动、因法院或仲裁机构的法律文书引起的股权变动等。

一、继承或受遗赠引起的股权变动

公司的股东可分为国家或自然人。随着我国鼓励更多的民营资本参与社会各行业发展，自然人股东已经成为我国公司股东中举足轻重的一类。相应地，因股东死亡的法律事实发生，死亡股东股权的继承也愈发常见，在实践中很容易产生纠纷。

股权作为一种特殊的民事权利，其继承不同于简单财产权利的继承，其面临一个涉他利益问题，即公司利益与其他股东利益以及被继承人期待等问题。其核心问题是继承人与公司其他股东优先权如何分配的问题、继承人能否当然取得公司股东资格的问题。

通过考察各国对于股权继承的立法态度，我们可以将其分为三种，即日本公司法的法定取得、英国公司法的登记取得和法国公司法的法定取得，但授权章程予以限制。虽然各国采用了不同的立法技术，但在立法上均首先承认继承人可以取得股东资格，继承人的利益受到第一位的保护，优先于其他股东。

我国《公司法》第七十五条规定："自然人股东死亡后，其合法继承人可以继承股东资格；但是，公司章程另有规定的除外。"由此可见，我国《公司法》立法态度也是优先考虑继承人利益，这更有利于公平保护公司各股东的权益。但有观点认为上述立法尚有不足，例如：①股权继承主体范围过窄，未规定受遗赠人和遗赠抚养协议的抚养人继受股权的情形；②股权继承客体性质认定有误，以"股东资格"代替"股权"实属画蛇添足；③股权继承时间规定不明，不利于股权继承实践；④公司章程例外规定有待限制，避免"遗产股权"成为无主物；⑤多人继承问题未予规定，容易引起不必要纠纷，法院裁判无章可循。

股权作为兼具财产权和身份权特性的民事权利，股权继承是财产权与身份权的共同取得。因继承而进入公司的新股东，实质是股权变动的结果。死亡股东退出公司，其继承人继承了死亡股东在公司中的权利和义务，发生股东变更，公司应当将其姓名、住所及继承的出资额记载于股东名册上，并及时完成工商变更登记。值得注意的是，继承人取得股东资格与其民事行为能力无关。即使继承人不具有完全民事行为能力，亦可继承股权及取得股东资格[①]。

对于继承人何时取得股权成为公司股东，我国《公司法》和《继承法》对此均未规定。有学者认为，股东死亡时继承开始，继承人即时取得股权，其后的"公司内部股东变更登记"和"工商变更登记"都是履行一定的法定

① 杨信.有限责任公司股权转让限制问题研究[M].北京：中国社会科学出版社，2017：113.

程序而已。继承人的身份可以通过公证确认。若继承人与原公司其他股东就股权继承纠纷起诉至法院，那么继承人身份由法院以判决方式确认。但因继承而发生股权变动的时点仍然应是被继承人死亡发生继承事实的时点。

二、婚姻关系解除引起的股权变动

股权作为一种特殊的民事权利，因婚姻关系的解除而发生股权的分割，不仅涉及离婚双方利益的分配，还必然会涉及公司及公司其他股东的利益，引起公司股权的变动。法律的立法原意在于公平地维护各个不同法律关系中不同主体的合法利益。因此，股权作为夫妻共同财产进行分割，涉及多个不同利益主体，这就需要法律制度在公平的基础上，合理地保护各方利益。

我国的夫妻财产制分为约定财产制和法定财产制两种。对于夫妻关系存续期间取得的股权，夫妻双方可以通过约定为夫妻共同所有或各自所有。在夫妻双方没有约定的情况下，则适用法定财产制。婚姻关系终止，夫妻共同财产制也终止。财产取得的时间，应以财产权利取得的时间为准，而不能以取得财产的具体时间为准。

婚姻关系是否存续之于公司股权结构的稳定以及对股权是否变动的影响，在土豆网创始人王微与其前妻轰动一时的离婚财产纠纷出现之前，恐怕没有太多人意识到其如此重要。

2010 年 11 月 9 日，正当国内知名视频网站土豆网向美国证券交易委员会递交上市申请之时，土豆网创始人王微的前妻杨蕾上演了一场针对土豆网的“上市阻击战”。2010 年 11 月 10 日，上海市徐汇区人民法院冻结了王微所持土豆网的核心运营平台“上海全土豆网络科技有限公司”的股权。王微在该公司中持股 95%。而这部分股权中，有 76% 涉及夫妻共同财产问题。王微前妻杨蕾随之提出诉讼，对这一部分股权的一半予以权利主张，冻结了该公司 38% 的股权进行财产保全。王微提出担保解除了第一次保全，但杨蕾又申请了第二次保全，法庭随后根据第二次财产保全申请，冻结了该公司 38% 的股权，禁止其转让。土豆网的上市事宜因此受阻，甚至错过了最佳上市时机，并将近夭折。之后在 2011 年 4 月土豆网重新向美国证券交易委员会提交的招股说明书中，增加了一项风险披露：“土豆网创始人兼 CEO 王微遭其前妻杨蕾起诉。王微持有上海全土豆网络科技有限公司的股份，杨蕾以婚姻期间夫妻共有财产为由要求分割王微持有的全土豆网络科技有限公司股份中的 76%，法院目前已将王微持有股份中的 38% 进行了财产保全。”

王微的婚姻诉讼，给创投业带来一场不大不小的冲击。风险投资或者私募基金的投资人试图在股东协议中增加条款，要求他们所投公司的CEO结婚或者离婚必须经过董事会尤其是优先股股东的同意后方可进行，或者公司创始人应承诺婚姻的持续。例如，控股股东A和B需在IPO之前保持实质及形式上的合法夫妻关系，并且A和B认可其二人之间的夫妻关系境况是影响投资者投资判断的重要因素，A、B同意其应及时、全面、真实地披露。A和B承诺在IPO之前不会出现任何影响夫妻关系的事实，包括但不限于任一方出轨、分居等。在土豆网事件的冲击下，类似的条款未来将越来越多地出现在VC的投资条款清单中，甚至可能成为标准条款之一。这些条款后来被称为"土豆条款"，并且投资人正在不断总结，试图修正"土豆条款"可能在法律效力上存在的瑕疵，保证其有效，防止股权发生不可预期的变动给其投资计划带来冲击和变化。

如今，在实践中已经设计出了真正有效且尽可能避免被中国法律认定为无效的"土豆条款"，它不正面要求夫妻维系婚姻状况或对离婚事项设定任何实质性或程序性限制，而是设计成承诺函的形式。当创始人在处置自己权益的交易时（以土豆网的VIE结构为例，即签署控制协议时，包括但不限于咨询服务协议、委托投票协议、股权质押协议等），创始人若已经有配偶，为了避免日后可能存在婚姻纠纷，投资人和创始人可以要求配偶签署一份承诺函作为交易文件的附件，内容可以包括以下几点：①配偶确认其对公司的股权不享有任何权益，并且承诺不就公司股权提出任何主张；②配偶确认已完整审阅理解，并无条件、无保留、不可撤销地同意交易文件的约定；③配偶承诺签署一切必要的文件并采取一切必要的行动，以确保交易文件得到适当履行；④配偶承诺在任何情况下获得公司股权，都应受交易文件的约束，并履行公司股东应尽的义务。除承诺函外，在交易文件中，也会考虑适度加入关于创始人婚姻状况的条款。投资人可能会要求在交易文件的买入选择权和卖出选择权等部分，适度加入创始人婚姻状况，将创始人的离异作为重大不利变化之一，从而成为触发投资人行使前述选择权的条件。从创始人角度出发，即使创始人愿意接受上述条款，也应将条件增至"创始人离异，且该离异将给公司和投资人造成实际损失或使公司陷入僵局"。

三、因法院或仲裁机构的法律文书引起的股权变更

公司股东通过做出民事行为，存在因民事纠纷成为被执行主体的可能性。股东作为被执行人，当其无任何财产可供执行的时候，公司股权会成为执行标的。股权强制执行，是指债权人依据生效的法律文书，申请人民法院

强制性地对被执行人的公司股份做出转让的措施，从而实现其债权。对股权强制执行的措施，一般包括冻结、强制转让、拍卖、变卖以及以股抵债。其中最高人民法院拍卖、变卖以及以股抵债的规定与其他物品的规定基本一致。故而考察重点为冻结和强制转让。

关于股权强制转让，股份有限公司与有限责任公司有着不同的规定，这里只对股份有限公司股权强制转让进行探讨。

1. 上市股份有限公司的社会公众股（俗称“流通股”）基于其可流通性、可变现性，法院在处分这类股票时，只要委托相关证券公司随行就市抛售所扣押的股票即可。

2. 对上市股份有限公司法人股和内部职工股与非上市股份有限公司股票采取相同的处分行为。首先，要对转让股份的价格进行评估。其次，按照记名股票与无记名股票分别进行处分。记名股票的转让，由股东以背书方式或法律、行政法规规定的其他方式转让，并由公司将受让人的姓名或名称及住所记载于股东名册。无记名股票的转让由股东在证券交易场所将该股票抵偿债权人后即发生法律效力，也可采取拍卖、变卖的方式变现。

第三节　股权变动的模式与效力

一、股权变动的模式

（一）债权意思主义物权变动模式及其缺点

债权意思主义物权变动模式，指仅需依靠当事人的意思表示一致，达成债权合意就可以发生物权变动的效力，而不依赖公示的模式。债权意思主义物权变动模式，否认了物权行为的存在。该模式以法国为代表。《法国民法典》第七百一十一条规定：“财产所有权，因继承、生前赠与、遗赠以及债的效果而取得或移转。”第一千五百八十三条规定：“当事人双方就标的物及其价金相互同意时，即使标的物尚未交付，价金尚未支付，买卖即告成立，而标的物的所有权也于此时在法律上由出卖人移转于买受人。”

债权意思主义物权变动模式的优点是交易简便，效率高，只需当事人合意即可发生效力；它的缺点非常明显，就是权利发生冲突时无法有效应对。故而物权变动的意思主义的适用，必然要求相应的制度与之配合，这样才能形成理论的闭环。公示对抗要件主义制度天然地与其产生了共鸣。公示对抗要件主义，是指法定的公示方式仅仅是物权变动的对抗要件，不产生物权变动的法律效果。这就意味着，所有权自合同成立时转移，取得交付、登记等公示形式，也就拥有了对抗他人的效力。日本是这方面的典型代表，《日本民法典》第一百七十八条规定："动产物权的让与，除非将该动产交付，不得以之对抗第三人。"第一百七十七条规定："不动产物权的取得、丧失及变更，除非依登记法进行登记，不得以之对抗第三人。"

从债权意思主义的理论角度来考察股权变动，股权变动的发生，只需出让人与受让人意思表示一致，达成股权合意即可，不依赖任何形式要件。那么，双方达成合意之时，就是股权变动的时间。这时的登记、交付等形式要件，就不是成立要件，而只可能是对抗要件。由此解释债权意思主义股权变动模式，可知其与股权形式主义变动模式的根本区别在于，形式要件不是成立要件，只是对抗要件。下面对债权意思主义股权变动模式的一些具体问题进行分析。

1. 股权变动时间的问题

股权变动的时间，就是当事人达成股权合意的时间，也就是合同成立的时间或双方约定的时间。可以说，股权的变动是当事人之间的"秘密"，是不为任何第三人所知的。只有当双方办理股权变更手续之时，外界才能得悉这一事实。而此时已然不是股权变动的时间。

2. 股权形式要件的效力问题

形式要件是对抗要件非成立要件，就是说，形式要件的完备具有对抗第三人的效力。如果没有完备的形式要件，受让人的股权就不能对抗第三人。出让人就一股权同时与多个受让人签订股权转让合同，谁办理股权权属变更，谁就取得对抗其他人的权利。

3. 股权的行使问题

股权的行使问题的考察，应该突出对两个时间点及其区间进行分析，即股权合意达成之时和股权权属变更手续完成之时，以及二者之间的时间状态。在第一个时间点，股权发生变动，受让人理论上已经成为股东，并取得股权以及股权的各项附属权益。但此时公司基于股东名册、权属登记等材料认可的股东是出让人。在第二个时间点，随着股权权属变更的完成，受让人股东的身份得到了公司的认可，受让人可以在公司完全行使股东的各项权利。那么，在两个时间点之间受让人股东权利的行使状态是完满的吗？答案显然是否定的。受让人基于股权合意取得了股权，这显然属于法律上的“应然”状态。“实然”的状况是，由于没有进行股权权属变更，此时的公司不知晓股权变动的情况，公司认可的股东是且只能是出让人。那么，股东会议表决、红利分配、剩余财产分配等权利也只能由出让人行使，而受让人的权利便无从行使了。那么问题来了，股权变动了，基于股权的收益也应该随之变动，基于股份所产生的收益应当归受让人享有。但实际情况是基于股份产生的收益归出让人享有，真正的权利人无法实际行使权利，股权与股份收益分属不同主体的矛盾出现了。

4. 风险负担的问题

这一问题的解决与股权的行使问题类似，重点还是在于对股权合意达成之时和股权权属变更手续完成之时，以及二者之间的时间状态的把握。当事人双方达成股权合意后，受让人取得法律上的股权。如果受让人积极行使权利，及时完成股权权属变更手续，公司随即认可其股东身份，股权形成完满的状态。受让人当然承担股权变动后的风险。如果在股权合意达成和股权权属变更手续完成期间发生风险，由于公司不认可受让人的股东身份，受让人无法实际行使股东权利。这种情况对于受让人而言是极为尴尬的，受让人既无法通过行使权利来规避风险，又要担负起风险产生的不利结果。

5. “一股多卖”的问题

一股多卖，就是出让人就一股权与多个受让人达成买卖协议。由于债权意思主义在股权变动时的“秘密性”，受让人均会认为自己取得了股权。那么，此时的股权归谁所有？股权变动效力如何？基于债权意思主义，股权合意一旦达成，股权即宣告转移。那么，第一个受让人取得了股权，出让人丧失股权。如果出让人继续基于“股东”身份出让股权，那么其行为明显成为无权处分行为。其转让股权的行为，实际是处分第一受让人的股权。第一受让人基于出让人的无权处分行为，取得撤销权或追认处分行为的效力。

由此可见，尽管债权意思主义股权变动模式具有便捷、高效的优势，但其在具体实践中容易陷入权利状态不明、权利行使分裂的状态中。为了减少这些缺点带来的不利影响，保护交易安全，就要使用善意取得、形式要件对抗等制度与之配合。而形式要件对抗制度本身也有交付、背书、登记等多种模式可供选择，甚至出现多种形式要件之间的对抗，反而带来巨大的麻烦。所以，股权变动模式采取债权意思主义变动模式是不合适的。

（二）物权形式主义股权变动模式及其缺点

物权形式主义股权变动模式，需要存在双方当事人之间债权合意，相互之间物权合意，以及交付、登记等形式方能成立。这种模式承认物权行为的独立性与无因性，也就是说，在这种理论模式下，不论债权合意是否无效或可撤销，都不导致物权变动的当然无效。这一理论的核心点，就是债权合意仅发生债权法上的权利义务关系，而导致发生物权变动后果的只能是物权行为。

从物权形式主义的理论角度来考察股权变动，我们可以将股权变动分为三个阶段：第一阶段是债权合意阶段，即出让人与受让人双方互负义务阶段，这时出让人承担转让股权的义务，受让人则承担支付价款的义务；第二阶段是双方当事人达成股权转让的股权合意阶段；第三阶段是受让人向出让人支付价款阶段。债权合意与股权合意均有严明的分界线，债权合意存在于买卖契约中，而股权合意存在于股权契约中。买卖契约的实践中，出让人仅负有转让股权的义务；而股权契约中，出让人则负有使受让人成为股东，享有股权的义务。当然，仅仅依赖股权合意仍不足以产生股权变动的效力，此时还需要办理股权权属变更手续的配合，才能产生股权变动。

可以说，物权形式主义与债权形式主义的核心区别在于是否承认股权合意的无因性、独立性，但在股权变动时间、股权变动效力、股权行使、风险负担等实际效果方面，并没有太大的差别。使用物权形式主义股权变动模式，优点在于交易形式、法律关系清晰明了，有利于交易安全的实现。但如果选择使用物权形式主义的股权变动模式，缺点非常突出，就是股权合意的无因性、独立性。我们知道，“物权行为独立性”这一精致的法律术语，常人难于理解，在法学家之间也是多有争议，未有定论。

鉴于物权形式主义与债权形式主义在实际效果上的趋同（相关问题在股权变动债权形式主义模式中进行探讨），以及自身理论上的挑战，它不适合作为股权变动的模式。

（三）物权变动的债权形式主义模式及其优点

物权变动的债权形式主义，要求当事人之间物权变动的意思表示一致，并且具备形式要件。也就是说，内在的要求意思表示一致，外在的要求有不动产登记、动产交付的形式。其基本的要素有债权合意、物权合意以及登记、交付。物权变动的债权形式主义认为债权合意是物权转移的核心动力及根本原因。它有三个特点：一是可以承认物权合意的独立性，但不承认的是，物权变动的效力是债权合意与形式要件的结合；二是拒不承认物权合意的无因性；三是形式要件的强制性，形式要件不完备不发生物权变动的效力。

从债权形式主义的理论角度来考察股权变动，股权变动的发生，一方面要有当事人的债权合意以及股权变动合意，另一方面要完成股权权属变更的登记。应当明确，股权变动的原因和动力来自债权合意。没有债权合意，股权合意无效。下面与债权意思主义股权变动模式相比较，对债权形式主义股权变动模式的一些具体问题进行分析。

1. 股权变动时间的问题

出让人与受让人之间关于股权转让的意思表示达成一致，订立合同，表示双方之间的债权合意达成，双方以股权为标的产生债权债务。此时，股权并未发生转移，出让人仍然是公司的股东，享有股权。随着股权权属变更的完成，受让人获得公司认可，代替出让人成为公司股东，享有股权。可见，在债权形式主义模式下，股权变动的时间与办理权属变更手续完成的时间是一致的，股权归属于被公示的受让人。

2. 股权形式要件的效力问题

由形式要件的强制性特征可以得知，股东名册登记、交付股票、发放出资证明书、证券账户记载等公示方式的变更是股权变动的成立要件，未办理股权权属变更手续的转让行为不发生股权变动的效力。也就是说，股权权属变更形式要件不完备，股权不发生变动，出让人是公司股东；股权权属变更形式要件完备了，股权发生变动，受让人成为公司股东。

3. 股权的行使问题

与债权意思主义模式股权的行使问题的考察类似，继续突出对股权合意达成之时和股权权属变更手续完成之时两个时间点及其区间的分析。股权合意达成后，并不发生股权变动的效力，这种效力状态一直持续到股权权属变更手续完成前。在这一时间段内，出让人仍旧是公司股东，行使股权以及股东会议表决、红利分配、剩余财产分配等附属权利；受让人还未成为公司股东，未取得股权。突破这种效力状态的标志是股权权属变更手续的办理。自此以后，受让人取得法律以及公司的双重认可，受让人得以行使股权及其附属权利。可以看出，在债权形式主义模式下，股权的取得与股权的行使的时间是一致的。

4. 风险负担的问题

这个问题，仍然从两个时间点及其区间进行分析。股权合意达成后，并不发生股权变动的效力，公司的股东还是出让人，那么股份贬值、公司破产清算等风险自然是由出让人来负担。同样的道理，这种效力状态会一直持续到股权权属变更手续办理前。与股权行使问题类似，风险负担转移的关键点在于股权权属变更手续的办理。一旦股权权属变更手续办理完毕，出让人就不再享有股权，退出公司，失去股东地位，基于股份产生的股份贬值、公司破产清算等风险随之转移给已经取得股权的受让人。出让人无股权、无风险，受让人有股权、有风险，权利的享有与风险的负担相一致。

5. “一股多卖”的问题

“一股多卖”问题的关键在于是否办理了股权权属变更。只要未办理股权权属变更，不论出让人与几个受让人达成了债权合意，签订了转让合同，也不发生股权变动的效力，股权依然是出让人的“囊中之物”，出让人依然可以行使处分行为。出让人与多个受让人签订的合同，只要真实合法，不存在法律效力的瑕疵，就都是有效的。多个合同之间的关系是平等的、非对抗性的、非排他性的。只要股权权属变更未完成，每一个合同都存在实现的可能。而一旦某个受让人完成了股权权属变更，则其取得股权。其取得的股权，当然地对抗其他受让人的债权。而此时的其他受让人，面临的情况就是合同履行不能。其他受让人只能就该履行不能，向出让人主张违约赔偿。

由此可以得出结论：股权变动债权形式主义模式和债权意思主义模式，均保持了股权变动原因方面的理论优势，明确指出股权变动源自当事人的意思表示一致，同时，股权变动债权形式主义模式不存在股权变动时间和股权权属变更手续办理时间不一致产生的享有权利不被承认、享有权利不能对抗第三人、不享有权利却承担风险等权利义务不协调的理论上的悖论。股权变动债权形式主义模式和物权形式主义模式，均能基于形式要件的完备，使得股权变动更加清晰明了，保障了交易安全；均能使股权变动时间和股权权属变更手续办理时间相一致，避免了债权意思主义有关问题的尴尬。同时，债权形式主义模式避免了物权形式主义模式在物权行为无因性理论等方面存在的理论争议。

二、股权变动的效力

基于法律行为产生的股权变动，经前文分析可知采取债权形式主义的变动模式是较为适合的。那么，在以形式主义为生效要件的前提下，股权变动效力的时间点的认定是清晰明了、无异议的，在实际操作上是比较容易的。但是，我们不应忽视，引起股权变动的效果中还有一类原因是事实行为，有必要对其进行研究。另外，一些公司法、证券法上的特殊规定也有必要予以关注。

（一）法律行为引起股权变动效力的时间点

基于法律行为产生的股权变动，在债权形式主义的变动模式下，当形式要件完备时，也就是股权权属变更手续办理之时，为股权变动生效的时间点。自此，股东的权利义务关系、风险承担发生转移。以上情况应为基于法律行为产生的股权变动效力的正常状态。当然，一种模式不可能穷尽所有的情况，非常态的股权变动也是存在的，其生效的时间点必然不同于正常状态。

以审批为生效要件的股权变动，其股权变动生效的时间点为审批批准之时。这时，股权权属变更手续仍需完备，但已不再是成立要件，仅具有告知的效能。

常态化的股权转让，是股权的整体转让。出让人将股权及其附属权利一并转让给受让人。但是，随着股权变动方式的创新，各类非常态化的交易行为不断涌现，股权与其附属权利经常发生分离，这给认定权利变动的生效时间点带来了困难。例如，股权收益权的转让，股东仍然为出让人，此时股权不发生转移，股权权属亦不需要变更。那么，受让人的收益权何时得以实现成为现实难题。一般而言，股权收益权的转移，发生于转让价款的给付之时。经过归纳，可以得出结论：非常态化的股权转让，股权变动生效时间点由转让双方当事人自主在转让协议中予以约定。这种做法的好处是高效、便捷，有利于当事人之间快速完成交易，实现商业利益；不足之处在于，各类根据自身需求创设的股权交易行为，由于当事人的交易地位的不同，以及交易行为法律效力、法律保护的不完备，极易对交易安全造成负面影响。

（二）事实行为引起股权变动效力的时间点

基于事实行为引起的股权变动，主要涉及继承、婚姻关系解除、股权强制执行等。事实行为股权变动的时间点应该为事实行为成就之时。

具体而言，继承股权的，自继承事实确认之时；婚姻关系解除导致股权变动的，应自解除婚姻关系的判决生效时；股权强制的，应自法院裁决生效之时。在事实行为引起股权变动的情况下，形式要件的完备不再是股权变动的生效要件，股权权属变更的完成也不再是股权变动的时间点。股东的权利义务、风险承担的转移，完全依赖于法律事实的认定。此时，形式要件仅剩公告的效能，即便形式要件不完备，也不会对股权变动的法律后果产生任何消极的影响。

第四节　股权变动的法律限制

对于作为绝对私权的股权，法律应当为其自由的变动、流转提供支持。但是，鼓励效率的同时，法律也必须兼顾交易的安全和公平。没有无例外的原则，如同没有原则的例外[①]。因此，我国法律、法规在保护股权自由变动的同时还规定了自由变动的例外情况，即对特定情形的股权变动作出了某些限制性规定。

从法律限制的不同角度可以对股权变动的各种限制进行分类和总结。从股权变动法律关系来观察，我们可以把法律限制分为对股权变动主体的限制、对股权变动客体的限制以及对股权变动内容的限制。主体限制方面，受限的主体包括股份公司的发起人，上市公司的董事、监事和高级管理人员，持有上市公司股份百分之五以上的股东，证券交易所、证券公司、证券登记结算机构从业人员，证券监督管理机构工作人员和法律、行政法规禁止参与股票交易的其他人员，国有股股东、外商投资公司的股东等。

从股权变动实施的方式来看，法律限制包括对股权变动场所的限制、对股权变动程序的限制、对股权变动方式的限制、对股权变动时间的限制等。从法律限制是否对股权变动的效力产生实质性影响来看，我们可将法律限制分为实质性限制和非实质性限制。外商投资企业的股权转让以取得相关商

① 刘俊海．现代公司法：上册[M].3版．北京：法律出版社，2015：429.

务部门的批准为生效要件。未获得批准，股权变动不生效，此为实质性限制。而上市公司及其相关当事人在股权变动过程中需要履行有关信息披露的义务，这通常是非实质性限制。未依法履行披露义务，通常不会直接导致该股权变动无效。在实务中，实质性限制和非实质性限制的区分具有很重要的意义。

从法律限制是基于法律法规的规定还是当事人之间的约定来看，我们可将法律限制分为法定的限制和约定的限制。当事人可以在不违反法律强制性规定的情况下，自由约定关于股权变动的规则，如在股东协议或公司章程中约定，股权的对外转让须取得全体股东一致同意方为有效。本部分从法定的限制和约定的限制的区分角度具体讨论现行法对股权变更的限制。

一、法定限制

对于股权变动的限制，我国法律并没有统一的规定，而是散见于相关法律、行政法规、部门规章，以及证券交易所、证券登记结算机构的业务规则之中。鉴于股权变动主要与公司法、证券法有关，为了讨论方便，本文以公司法、证券法为主线，将法定限制分为三大类：公司法下的限制、证券法下的限制以及其他法律法规的限制。此处公司法、证券法，皆应作广义理解，分别包含了所有与公司法或证券法相关的法律、法规、部门规章以及证券交易所、证券登记结算机构的业务规则，而不仅仅局限于《公司法》或《证券法》本身。

（一）公司法下的限制

股权变动最重要的是基于股权转让的变动。因而，法律对股权变动的限制，最主要的是对股权转让的限制。考察各国（地区）的立法实践，无论何种类型的公司，股权均可以转让。但对于不同性质的公司，法律对股权转让的限制会有所不同。通常来说，对于无限公司而言，无论股东是全部转让股权还是部分转让股权，均会规定严格的限制条件，即非经其他股东全体同意，股权不得转让。如此严格限制的原因在于，无限公司以人合为基础，股东转让股权难以找到其他股东所信任的受让人，也为了防止无限公司股东在公司经营不佳时通过股权转让逃避承担无限连带责任。有限公司虽然性质上属于资合公司，但因股东人数不多，股东又重视相互间的联系，具有人合公司的因素，为了满足公司股东彼此信赖的需求，对股权转让的限制也比较严格。例如，《德国有限责任公司法》第十五条规定，股东的股权转让要以合同协议或者公证方式进行，并且会附加某些条件，比如应当经公司同意、转让的股权还应保持其独立性等。在公司内部进行的股权转让通常不涉及第三人的利益，因而对于重视人合因素的有限责任公司，股东间的互相信任这一存在基础并未发生变化。但如果向公司外部转让股权，则可能会因吸收新股东而对股东间的信任基础产生影响。因此，各国（地区）的公司法通常对于公司内部的股权转让进行宽松限制，而对于向非股东进行的股权转让则进行较严格的限制，通常规定股东向非股东转让股权必须征得股东会一定比例的股东同意。对于股份公司，各国（地区）均以股份自由转让的原则为其公司立法之通例。但由于股份的转让可能会对公司的财产稳定产生一定影响，某些股东对其股份的处分亦可能损害其他股东的利益，股份转让还可能导致股票投机，为了保护公司、股东及公司债权人的整体利益，许多国家或地区的公司法、证券法也对股份转让作出必要限制，尽可能减少股份转让产生的弊端。例如，英国 1947 年《外汇管理法》第三部分规定，一般不得把股份发行或转让给居住在指定地区之外的人，或者由这些人所指定的人。

依据我国《公司法》的相关规定，不论是有限责任公司，还是股份有限公司，股权变动遵循自由变动的原则的同时都要受到一定的限制。我国《公司法》对于股权变动的限制，有原则性的限制，也有具体的限制。原则性的限制，主要体现在《公司法》第二十一条以及第二十二条的规定中。上述两条规定虽未直接提及股权变动相关问题，但由于是对公司控股股东、实际控制人、董事、监事、高级管理人员以及股东会、董事会的原则规定，因此本书认为也当然适用于股权变动。除上述原则性规定外，《公司法》还分别针对有限责任公司和股份有限公司就股权变动作出了限制性规定。

对于有限责任公司而言，限制主要体现为《公司法》第七十一条及第七十二条之规定，即股东对外转让股权不得侵犯其他股东的同意权和优先购买权。侵犯其他股东同意权和优先购买权的股权转让，其他股东可主张予以撤销，自然也就不能够发生股权变动的效力。

对于股份有限公司的限制，主要体现在《公司法》第五章第二节“股份转让”之中，具体为第一百三十七条至第一百四十四条，就股份转让的场所、方式、发起人、董事、监事、高级管理人员所持股份的转让限制，公司收购本公司股份及股票上市交易等作出具体规定。

《公司法》第一百四十一条第一款规定：“发起人持有的本公司股份，自公司成立之日起一年内不得转让。公司公开发行股份前已发行的股份，自公司股票在证券交易所上市交易之日起一年内不得转让。”这里的“持有的本公司股份”既包括公司成立时的原始股份，也包括发起人在公司成立之后受让持有的其他人股份。但是，后者转让受到限制的起算点不是自受让之日起而是自公司成立之日起。如果发起人在公司成立一年后受让并持有的他人股份则不应该受到上述限制。发起人在禁售期内与他人签订股权转让协议的，属于违反法律强制性规定，合同归于无效。但是，出于保护善意第三人的考虑，如果受让人可以证明其主观上有足够理由信任转让方不具有发起人身份，并且在客观上支付了合理对价并非以显著不合理的价格取得股权，则转让合同例外有效。另外，法律同样允许发起人与股权受让人签订附期限的股权转让合同。

《公司法》第一百四十一条第二款规定：“公司董事、监事、高级管理人员应当向公司申报所持有的本公司的股份及其变动情况，在任职期间每年转让的股份不得超过其所持有本公司股份总数的百分之二十五；所持本公司股份自公司股票上市交易之日起一年内不得转让。上述人员离职后半年内，不得转让其所持有的本公司股份。公司章程可以对公司董事、监事、高级管理人员转让其所持有的本公司股份作出其他限制性规定。”《上市公司董事、监事和高级管理人员所持本公司股份及其变动管理规则》（以下简称《上市公司董监高股份变动规则》）第六条对“所持有本公司股票总数”进行了明确，是“以上年末其所持有本公司发行的股份为基数”，计算其中可转让的股份数量。此外，《公司法》第一百三十二条规定：“股份有限公司成立后，即向股东正式交付股票。公司成立前不得向股东交付股票。”据此可知，在公司成立之前，发起人或者认购股份的人不得转让其未来之股权。

《公司法》第一百三十八条规定：“股东转让其股份，应当在依法设立的证券交易场所进行或者按照国务院规定的其他方式进行。”

除《公司法》外，《中华人民共和国公司登记管理条例》就公司的登记管理相关事宜进行了规范，对公司的设立登记、变更登记以及注销登记等进行了规定。其中自然涵盖了关于股权变动事项的登记规定，并规定了违反规定应当承担的法律责任。国家工商行政管理总局还制定并公布了《公司注册资本登记管理规定》，对公司注册资本过程中的问题进行了细化。这些可以从另一个角度视为对股权变动程序方面的限制。

（二）证券法下的限制

除公司法外，证券法针对股份公司的股权变动的特殊性，作出相应限制。一般而言，《证券法》被视为《公司法》的特别法，因而《证券法》对股权变动的相关规定实际是在《公司法》框架之下的拓展和细化。由于《证券法》重点关注证券的发行和交易，在我国目前的严格区分有限责任公司和股份有限公司的体系下，其调整范围实际仅限于股份有限公司的股份发行和交易，而不包括有限责任公司，因而对股权变动的限制也仅及于股份有限公司。

首先，《证券法》第三十五条对于股份转让的标的物作了严格限制："证券交易当事人依法买卖的证券，必须是依法发行并交付的证券。非依法发行的证券，不得买卖。"转让不法股份的行为不仅不能对抗公司，自身也归于无效。这是《证券法》针对上市公司股票转让所做的限制，旨在维护受让人的合法权益。《证券法》第三十七条对证券转让的场所进行了限制："公开发行的证券，应当在依法设立的证券交易所上市交易或者在国务院批准的其他全国性证券交易场所交易。"

其次，《证券法》第四十条、第四十四条对特定人员的股票交易进行了限制。这些人员包括：持股百分之五以上的董事、监事、高级管理人员和股东，证券交易场所、证券公司、证券登记结算机构的从业人员，证券监督管理机构的工作人员和法律、行政法规规定禁止参与股票交易的其他人员，还有为股票发行出具审计报告、资产评估报告或者法律意见书等文件的证券服务机构和人员。在法定限期内，其持有和转让股票，必须遵守相关的限制规定。

这里需要特别说明的是，《证券法》第四十条严格禁止证券交易场所、证券公司和证券登记结算机构的从业人员，证券监督管理机构的工作人员以及法律、行政法规规定禁止参与股票交易的其他人员，在任期或者法定限期内，买卖或持有股票。"不得直接或者以化名、借他人名义持有、买卖股票或者其他具有股权性质的证券，也不得收受他人赠送的股票或者其他具有股权性质的证券。任何人在成为前款所列人员时，其原已持有的股票或者其他具有股权性质的证券，必须依法转让。"有的学者认为，其要求过分严格，应该适当放宽限制，允许交易但需要加强信息披露的要求。例如，可以规定，此类人从事股票交易的，应当在该行为发生次日将其股票交易的基本情况报送其工作单位备案，并向证券交易所报告；证券交易所统一管理从事股票交易的人员名单，定期公告。但是，也有学者指出只有严禁交易才能维护此类人员的清白，让广大投资者放心，第四十条之态度不应改变[①]。

① 刘俊海．现代公司法：下册[M].3版．北京：法律出版社，2015：434.

《证券法》第四十四条规定：“上市公司、股票在国务院批准的其他全国性交易场所交易的公司持有百分之五以上股份的股东、董事、监事、高级管理人员，将其持有的该公司的股票或者其他具有股权性质的证券在买入后六个月内卖出，或者在卖出后六个月内又买入，由此所得收益归该公司所有，公司董事会应当收回其所得收益。”此条是为了防止短线交易。实践中，除短线交易外，还存在许多上市公司的董事、监事和高级管理人员在敏感信息发布的前后买卖本公司股票的情况。这类情况有可能涉嫌内幕交易，但较难取证。为避免类似情况，《上市公司董监高股份变动规则》第十三条对上市公司董事、监事和高级管理人员股权交易的禁售窗口期作出进一步细化规定，禁止上市公司董事、监事和高级管理人员在以下股票买卖窗口期买卖本公司股票：①上市公司定期报告公告前30日内；②上市公司业绩预告、业绩快报公告前10日内；③自可能对本公司股票交易价格产生重大影响的事项发生之日或在决策过程中，至依法披露后2个交易日内；④证券交易所规定的其他期间。至此，我国法律对于董事、监事和高级管理人员股权交易限制期限作出了较为完善有效的规定。

最后，《证券法》对于上市公司公开发行股票或非公开发行股票、上市公司重大资产重组、上市公司涉及收购、非上市公众公司公开发行股票等事项，规定必须获得中国证监会核准方可进行。中国证监会据此制定了一系列详细的规定和制度。证券交易所以及证券登记结算机构也根据各自业务范围制定了相应的业务细则。这些也可理解为对股份公司股权变动的法律限制的一部分。

综上所述，上市公司股权转让从形式上来看体现了法律设置的灵活与便捷，实质上亦体现了对股份公司股权转让中可能发生的风险进行综合控制。股权转让风险的综合控制对股权交易中第三人的保护起到了至关重要的作用。这里所指的第三人可以是具体的自然人、自然人群体，也可以是法人或法人群体，亦包括股权交易的一级市场与二级市场。

（三）其他法律法规的限制

除公司法、证券法外，针对某些特殊的股权变动，基于特定的目的，其他法律法规也会作出限制。这些法律法规限制有以下几种常见的情形。

1. 外商投资法规的限制

我国对于外资在中国境内的投资，设定了一定的准入门槛。对外商投资，不同产业制定了不同的准入标准，可分为鼓励类、限制类和禁止类。对于外商投资企业，其设立、变更的程序也有别于内资企业，需要遵循特别的规定，不论是新设还是变更，都必须经相关外商投资管理部门审批。在我国，外商投资企业分为三种——中外合资经营企业、中外合作经营企业和外商独资企业，并由《中华人民共和国外商投资法》及相关的实施细则或部门规章来调整。虽然三种企业的具体形式有所不同，但《中华人民共和国外商投资法》均规定了企业的相关合营（合作）协议、章程等需要报经外商投资主管部门审批。

2. 反垄断法的限制

为了防止企业经济支配力量的过度集中，维护市场经济民主和自由竞争原则，确保公平交易，我国 2022 年修正的《中华人民共和国反垄断法》（以下简称《反垄断法》）限制甚至禁止有导致垄断之虞的股份转让。该法第二十六条规定，经营者集中达到国务院规定的申报标准的，经营者应当事先向国务院反垄断执法机构申报，未申报的不得实施集中。经营者集中未达到国务院规定的申报标准，但有证据证明该经营者集中具有或者可能具有排除、限制竞争效果的，国务院反垄断执法机构可以要求经营者申报。经营者未依照前两款规定进行申报的，国务院反垄断执法机构应当依法进行调查。不过，《反垄断法》也规定了可以豁免申报的情形：参与集中的一个经营者拥有其他每个经营者 50% 以上有表决权的股份或者资产的；参与集中的每个经营者 50% 以上有表决权的股份或者资产被同一个未参与集中的公司拥有的[①]。

法律法规对股权变动的限制，并不仅限于上述提及的法律法规。某些特定行业出于行业特点等考量，也会作出一些限制性规定。例如，《证券投资基金管理公司管理办法（2020 年修正）》对出资或持有股权占基金管理公司注册资本的比例在 5% 以上的股东以及主要股东，都设立了一定的条件。另外还规定，一家机构或者受同一实际控制人控制的多家机构参股基金管理公司的数量不得超过 2 家，其中控股基金管理公司的数量不得超过 1 家。基金管理公司重大事项变更（如变更持股 5% 以上的股东、变更股东的持股比例超过 5% 等），应当报中国证监会批准。因此，在实际操作具体的股权变动交易时，需要注意与之相关的法律法规是否存在限制、存在何种限制，避免拟定的交易方案存在瑕疵。

① 刘俊海．现代公司法：下册[M].3 版．北京：法律出版社，2015：435.

二、约定限制

约定限制，主要是指股东通过股东协议或者公司章程对股权变动相关事宜作出限制。股东或公司章程是否可以对股权变动作出限制呢？有观点认为，应当根据公司的类型来决定。对于有限责任公司，为了维护其人合性，应当允许股东或公司章程对股权变动予以限制；而对于股份有限公司，其资合性特征支持资本的自由流动，因此不应鼓励股东或公司章程对股权变动作出限制。

各国（地区）公司法对于股份的转让，均基于对股份公司资合性特点的认定，不重视股东的个性，认可股东地位的自由转让。另外，因资本维持原则的需要，原则上不允许退换股金。股份转让就成为股东收回所投资本的手段。因此，有必要保障股份转让的自由，除非存在法律限制或者禁止的情形。对于股份有限公司的股份转让，各国（地区）的公司法多规定公司章程不能限制或者禁止股份的转让。多国或地区公司法同时又都规定了对自由转让的例外，即对股份转让的限制。这些限制不仅有公司法上的以及公司法以外的法律限制，还有公司章程中的限制。《韩国商法》在 1995 年修订后，将其第 335 条第 1 款原规定“股份的转让不得以章程加以禁止或者限制”修改为“股份有限责任公司的股份原则上可以自由转让，但同时也允许公司章程加以限制或者禁止”。德国公司法、日本公司法亦认可通过章程对股份转让予以一定限制。

除法律法规对股权变动相关事宜直接作出限制性规定外，是否允许股东或公司通过股东协议或公司章程对股权变动作出限制，我国公司法没有特别明确的规定。普遍认为，与此直接有关的规定是《公司法》第七十一条第四款以及第一百四十一条第二款。前者针对有限责任公司，后者针对股份有限公司。目前，主流的观点是是否允许公司或股东通过约定限制股权变动，应当根据公司的性质予以不同的对待。对于有限责任公司，基于保护其人合性特点，应允许股东或公司根据其自身需求通过约定对股权变动予以限制；而对于股份有限公司，是否允许进行限制也要区分对待。有学者认为，应该允许股份有限公司在其章程中对股份转让规定限制性条款，但该类条款应主要适用于非上市股份有限公司，而不适用于上市股份有限公司；主要适用于记名股东，而不适用于无记名股东。理由主要有三个：①非上市的股份有限公司中相当一部分以发起方式设立，其股票未公开发行，没有公众股东，也具有人合性。如果对有限责任公司限制其股权转让的主要原因是基于其人合性，则对于具有人合性的股份有限公司也同样应当允许章程对股份转让进行限制。②公司章程是股东之间的协议。若章程中对股份转让规定了特别限制，则说明股东同意这样的安排。从意思自治的理念考量，只要限制不违反法律禁止性规定，就应认定其有效。③若法律允许股份有限公司章程可以设置限制股份转让的条款是基于股份有限公司具有一定的人合性，则此种限制就只能适用于封闭型公司，即未公开发行股份的公司。此外，无记名股东持有股票即可行使股东权利，因此其不可能受公司章程的限制[①]。

① 刘俊海．现代公司法：下册[M].3版．北京：法律出版社，2015：436.

第五章 公司股权激励设计及相关法律问题

第一节 股权激励概述

一、公司激励的相关概念界定

（一）激励机制

激励机制是指利用某种方法构造一个综合性的管理体系，这个体系有助于提高员工的工作满意度，并进一步提高工作绩效，充分挖掘员工的价值[①]。公司应采取多样化的激励机制，包括精神激励、薪酬激励、荣誉激励和工作激励。

激发员工工作热情及积极性的各种奖励被称为诱导因素。诱导因素，也就是奖励的种类，有很多，至于选择何种诱导因素，就必须对员工的需求、个性、潜力以及公司的实际情况等方面进行研究分析，然后根据结果设立出既能满足员工工作期望，提升其工作积极性，又能减少股东付出的报酬奖励。它通常分为两类，即外在性奖励和内在性奖励[②]。而对于诱导因素的提取和使用则需在相关的理论指导下进行。在组织中，每个员工的价值观都不同，因此即使诱导因素相同，也不一定能保证对每个员工都产生同样的效果，而且这些效果不一定全都是对公司有利的。为了使诱导因素对所有员工都产生基本一致的、对公司有利的效果，公司需要对员工的价值观进行培养与引导。培养员工形成对公司有益的价值观，如团队意识、长期观念和集体

① 张艺琼，冯均科．合约特征、高管股权激励与公司内部控制有效性——基于倾向得分匹配法的实证检验［J］．山西财经大学学报，2018，40（4）：86-100．

② 李春玲，聂敬思．股权激励范围、比例与公司绩效之间的关系——基于产业要素密集度视角［J］．会计之友，2018（2）：87-94．

思想，可以使诱导因素发挥其应有的作用。

（二）股权激励

股权激励是一种激励方式，赋予运营者一定的公司资产，使运营者成为公司的股东。从员工薪酬结构的角度来看，股权激励具有长期效应，对公司发展至关重要的高级管理人员和核心技术人员自然要选择长期保留。因此，对于这些重要人才，企业更倾向于通过股权激励的形式将这些人的个人利益与集体利益紧密关联起来，从而使二者形成利益共同体。这样做既能提高员工的积极性、工作效率和创造性，还能使人才不会轻易离开公司，更不会做出有损共同利益的行为。有时工资与奖金对重要人才起不到足够的激励作用，于是就需要通过公司股权激励，在提升公司价值的同时也能增加对这些人才的激励效果，还能增加人才的成就感。

股东将集体资产交给经理人进行经营管理的做法可以看作一种委托代理行为，股东与经理人之间是委托代理关系①。在委托代理的过程中，双方之间的信息是不对称的，这就使得股东在这个过程中需要承担一定的“道德风险”。当公司的股东与经理人立足点不同时，二者之间的目标缺乏一致性，双方都想自己的收益最大化。因此，股东可以通过有效的激励和约束机制，达到指引或限定经营者的目的。

在具体激励方式的选择上，经理人的薪酬条件及福利待遇主要根据其资历条件和公司情况来决定，金额较稳定，短期内变化不大，变化幅度一般也在固定的可预估的范围内，激励作用一般；而奖金则一般用来奖励经理人在短期业绩方面的突出表现，虽然具有较大的激励作用，但与公司的长期价值关系不明显，所以也不是一种好的选择，况且不排除有的经理人会为了短期奖励而做出不利于公司长期发展的“短期行为”，这与股东的初衷背道而驰。

相比较之下，股权激励就成为股东最优的选择。公司给予经理人股权权益，使其可以享受同股东一致的股权增值收益，并与股东共同分担风险，从而尽可能地追求二者的利益一致，使管理者有意识地关心公司的长期价值，换种角度看相当于派了股东中的员工进行公司的管理，将二者间的委托代理关系转化为直接代理关系，那些由委托代理引起的问题，自然也就被解决了。因此，对于大多数民营公司，尤其是创新型公司而言，股权激励是最佳

① 崔佳馨，王迪，丁睿．LM公司股权激励案例分析[J].商场现代化，2021（10）：98-100.

激励因素。

二、股权激励的相关理论

（一）代理人理论

公司治理理论是企业权力安排的一门科学，是现代企业制度中最重要的组织架构。公司治理理论是随着西方国家企业发展而产生的一门科学。19世纪70年代以前，企业经营权和所有权是统一的，不存在公司治理方面的问题。随着企业规模扩大，企业所有者将企业的经营权转移给公司经营者，此时公司治理问题得到足够的关注和重视。1932年，美国学者贝利和米恩斯提出公司治理结构概念，其中超产权理论、两权分离理论、代理人理论、利益相关者理论是构成企业治理结构的主要理论基础。其中，委托代理理论更是公司治理理论的重要理论。

20世纪30年代，美国经济学家贝利、米恩斯在研究企业经营管理模式时发现，企业所有者往往只具备资本或者技术等某一关键要素，缺少管理相关技能，如果企业所有者同时具备经营者和所有者的身份，那么企业往往会产生一些现实问题，而委托具备管理技能的专业人士进行企业管理，可以有效避免一些公司治理问题，这样代理人理论应运而生。

随着社会分工细化，生产经营专业化程度变强，委托人与代理人签订契约确定委托—代理关系，通过契约的条款规定双方的权利和义务。代理人理论是经济学契约理论非常重要的内容。该理论是在企业的生产经营过程中，为提高企业的生产经营效率，企业所有者将经营管理权让渡给所雇佣的拥有专业管理能力的职业经营人。企业所有者和经营者确立委托—代理关系可以很好地解决企业在日常经营管理过程中遇到的专业知识欠缺的问题。但委托人和代理人是两个不同的利益主体，也有不同的目标追求，很容易对公司的决策问题产生分歧。委托人是公司所有者，其收益与经营情况直接相关，委托人的诉求是公司股票上涨，实现企业价值的最大化。代理人希望公司经营更加稳健，维持正常的生产经营，降低个人的风险，代理人的诉求是实现个人利益的最大化。此时，代理人往往会做出委托人不够满意的决策，并且由于专业局限等各方面原因，委托人和代理人也往往会面临信息不对称的情况，经营者往往会因为个人利益而选择损害企业所有者的利益，做出短视等机会主义行为。由于市场局限等限制，委托人在为企业选择代理人时会根据自身的经验选择，高水平的管理人员往往因为要求的薪酬过高而不被委托人选择，进而出现逆向选择，被挤出市场。

（二）人力资本理论

亚当·斯密提出的财富增长是由社会分工和劳动力数量、质量提高促成的，20 世纪 60 年代经济学家舒尔茨和贝克尔等提出人力资本理论。人力资本理论认为企业资本除了物质资本还有人力资本，并且人力资本与物质资本产生的效益有很大差别。物质资本是以物质形态存在的资本，包括土地、厂房、设备、原材料等有形资本，人力资本是人身上所附属的知识、劳动力、技能等无形资本，物质资本和人力资本都具有使企业获得预期收益的自然属性。相比于物质资本，人力资本有更大的开发潜力，更具灵活性和主观能动性。股权激励能充分激发人力资源的主观能动性，以提高被激励对象的个人收益为手段，以行权条件为约束，确保被激励对象更好地为企业创造价值。

（三）激励理论

随着代理人理论的出现，委托人与代理人之间的利益诉求不一致导致了激励问题的出现，激励理论也应运而生。激励理论主要研究的是需求，解决如何满足人的各种需求的问题，以此来调动人的积极性，使得员工充分发挥其主观能动性，实现既定的目标。激励理论中的代表性理论有需求层次理论和双因素理论。

需求层次理论于 1943 年由美国心理学家亚伯拉罕·马斯洛在《人类激励理论》中提出。需求层次理论将人的需求划分为生理需求、安全需求、社交需求、尊重需求、自我实现需求五类，并且按照低层次到高层次逐级排列，较高层次的需求只有在满足较低层次的需求后才会出现。而当人出现多种需求时，应当先满足最迫切的需求，进行激励才会起作用。因此，实施股权激励方案对员工进行激励时，应当建立在被激励对象最迫切的需求上，满足其最迫切的需求之后激励才有效果，否则，即便激励力度再大，也难以产生激励效果。股权激励既有对高层次需求的激励，还满足了激励因素的要求，也兼顾了企业的长远发展。

双因素理论是 20 世纪 50 年代美国心理学家赫茨伯格提出的。双因素理论认为，人们的工作动机影响因素包括激励因素和保健因素两方面，激励因素是给人带来满足感的唯一因素，保健因素只能消除不满足感，但不能给人带来满足感。激励因素的满足可以提升员工的个人满足感，激发员工的积极性，充分发挥其主观能动性。激励因素的满足可以是合理的晋升机制，也可以是奖励机制。保健因素可有效防止员工产生不满足情绪，如公司章程等，若保健因素得不到满足，员工的积极性就会大大下降，但满足后再优化，员工的积极性也不会有很大提升。激励因素是员工工作积极性提升的充分条件，保健因素是员工工作积极性提升的必要条件。股权激励是长期激励机制的一种，若要达到激励员工积极性的目的，就既要有保障因素作为保障，又要设立激励因素调动员工积极性，在防止员工出现不满足情绪的前提下，提升被激励对象的工作积极性。

（四）契约理论

一定条件下，不同合同人间的经济行为会产生不同的经济结果。契约理论是研究合同人经济行为及经济结果的理论。在完全契约理论中有三个基本的假设：契约人完全理性、信息沟通完全顺畅、市场完全竞争。但事实上，这三个基本假设很难实现，所有现实中的契约理论一般是不完全契约，并由此产生了剩余控制权的问题。实施股权激励，可以将企业的剩余控制权分配给被激励对象，使得被激励对象更好地为企业贡献力量，实现更大的企业价值。

（五）全程激励模式理论

根据弗鲁姆的期望理论公式（$M=V\times E$），员工个人行为幅度的变化会受到诱导因素的变化的影响，所以公司可以通过控制奖励报酬的种类与多寡，来控制员工的行为幅度[①]。根据斯金纳的强化理论，奖励与绩效之间的比率是根据固定比率或是变化比率来分配的，这就决定了采用不同的比率会产生不同的影响效果[②]。当采用固定的比率时，公司将立马获得一个高额且稳定的绩效，而提升效果则会逐渐消退；当采用变化的比率时，绩效的提升不会像前者那样迅速，但是提升幅度远大于前者，在消退速度上也比前者慢得多。有了行为幅度制度之后，就可以根据公司的业务需要，对员工的工作效率以及工作积极性进行一定程度的调整，合理利用公司的人力资源，使公司的奖励报酬能够发挥最大的作用，而不是在对员工产生一定的激励效率之后就快速下降。

---

① 田超．我国上市公司股权激励实施中存在的问题及改进建议 [J]. 现代经济信息，2019（23）：66.

② 宋玉臣，李连伟．股权激励对上市公司绩效的作用路径——基于结构方程模型（SEM）的实证研究 [J]. 东北大学学报（社会科学版），2017，19（2）：133-139.

行为时空制度是指公司在对员工的报酬奖励进行筹划的时候，要将员工行为的时间与空间两个因素考虑进去[①]。将员工的绩效与时间、空间相关联，并设计出一定的限制条件，如规定好完成某项任务的时间及空间的范围，在不同的时间点以及不同的地点，员工所做出的相同行为会得到不同的报酬奖励。这可以预防职工短期行为和地域无限性，以便职工根据公司的规划，在已经建立的时间和空间范围内为公司做事。

行为归化制度是指公司采用组织同化或是处罚、教育等方法，使员工在人生观、价值观、工作态度、行为规范等方面达到公司的要求，符合公司的风格与习惯要求的一种制度[②]。行为归化制度的主要目的是保证公司的每一名员工都是合格的，能够达到公司标准。组织同化一般多用于使新员工接受公司的工作环境、经营模式、公司理念等，增加其对公司的认同感、归属感，使其快速融入集体。而处罚制度则主要对违反了公司的规定或没有达到公司要求的员工进行处罚。在进行处罚之前，需要向员工解释清楚处罚的类型及原因，并希望其能改正。对于员工违反规定或达不到要求的行为，除了处罚还要加以教育，加强当事人对公司要求的理解并提高其思想觉悟与行为能力，相当于再进行一次组织同化。所以，行为归化本质上是一种制度，目的是确保公司员工不断学习，从而保障公司人力资源的可靠性。

激励机制就是将上述构成要素的制度和规定进行系统性的整合，使它们之间能够完美配合。诱导因素在所有的激励机制中的作用主要是激发员工行为，而其他要素主要用于指导、规范和约束他们的行为。公司在建立激励机制的时候应将以上各种要素、制度考虑进去，只有这样，才能建立出一个完整、有效的激励机制，才能发挥其应有的作用。激励机制建成之后，它就会对公司组织系统的生存与发展产生影响，这种影响是双面的，既有利也有弊。其优势在于它对公司组织的贡献具有促进作用。例如，激励机制使用报酬激励让员工不断地做出有利于公司发展的事，或不断地努力达到公司奖励要求，所产生的效果不是暂时的，它具有持续强化、不断增强的作用。这使得在激励机制鼓励下，员工能力不断得到提升，公司还能获得更多的收入，这有益于公司的茁壮成长和不断壮大。在良好的激励机制中，除了促进激励效果，还包括消极和惩罚措施，以约束和防止员工做出对公司不利的行为。

① 陈红，郭丹．股权激励计划：工具还是面具？——上市公司股权激励、工具选择与现金股利政策[J]．经济管理，2017，39（2）：85-99.

② 李林倩．股权激励、过度投资与企业绩效[J]．商业会计，2017（1）：48-50.

激励机制能否对员工产生正向影响，主要在于管理者是不是了解自己的职工以及他们能否准确捕捉到职员的真实需求，是否在满足员工需求的同时不损害乃至有益于公司利益。而激励机制的弊端在于其对公司的致弱作用。虽然激励机制被建立起来的目的是有效改善员工的工作热情，进而提高员工满意度，以改善工作绩效，从而为组织的目标服务，但是激励机制在建立初期可能会因为一些不合理的设计而产生反效果的激励因素，使员工感受不到公司对他们的期望。

激励机制的弱化将会抑制和降低一部分员工的积极性和工作热情，从而降低工作效率，产生这种情况的直接原因是缺乏健全的激励机制或激励机制的可行性较低①。如果一个公司的激励机制长期存在致弱作用，就会对员工各方面产生巨大的负面影响，影响公司的日常运营和发展，使公司逐渐走向衰败②。因此，公司要及时察觉到激励机制致弱作用的产生，及时剔除该激励因素，加入有效的激励因素，使激励机制能够有效地产生助涨作用。激励机制的运作模式，也就是工作过程，是一种激励的主体与客体之间互相作用的历程③。也就是说，在激励机制的操作模式中，在员工开始进入工作状态之前操作，并且范围包括达到组织战略目标的所有经过，因此称之为全过程激励模式。这种模式在管理实践中可分为以下五个步骤。

1. 双向交流

这个步骤的作用主要是使职工与企业之间通过互相碰撞沟通，来加深对对方的认识。企业的管理人员通过交流获取员工的基本信息，包括能力、追求、事业规划、素质和性格等，同时向员工传达公司的基本信息，以及对员工的要求。员工通过媒介传递自己的价值观，从而适应公司的发展以及文化，并且根据公司的价值观约束自己的行为，以此了解公司对自己在各方面的要求④。同时，员工也要把自己的优点和特长、所能做出的贡献及对公司

① 张宪．基于事件研究法的上市公司股权激励效应研究 [J]. 统计与决策，2016（21）：166-168.

② 古柳，王烨，姚家乐．控制权结构与股权激励有效期设定——基于资本市场的实证研究 [J]. 审计与经济研究，2016，31（6）：85-92.

③ 陈文川，钱静颖．产权性质、股权激励与公司业绩——基于上海家化的案例研究 [J]. 财经理论研究，2016（4）：103-112.

④ 巩娜．基于生命周期理论的股权激励实施倾向及效果分析 [J]. 证券市场导报，2016（8）：13-21.

的报酬要求等告知公司的管理者，谋取自己的福利。

2. 各自选择行为

此步骤指的是公司管理人员根据上一步获得的员工优势、能力、素质和工作意愿等信息，将员工安排到适当的岗位，给予其适当的薪资待遇和责任义务①。然后公司管理人员为员工绩效考核制订适当的考察办法，并为他们设定适当的目标，对于员工的管理也要采用适当的管理方式，而员工同样也根据上一步交流所获得的信息而采取适当的工作态度、工作作风。

3. 阶段性评价

分阶段评价意味着公司的管理者根据公司目标或任务定期评价员工的工作过程及结果，周期一般有一周、一个月、一个季度或半年等。周期性评价的内容主要是评价公司所取得的阶段性成果和工作进度，以及员工已经取得的阶段性成果和工作进展。公司的管理者可以根据周期性评价，针对具体情况进行适当的调整。

4. 年终评价与奖酬分配

这一步骤需要在年底完成，可以看作一年周期的阶段性评价。在此阶段，公司管理人员需要评价员工工作绩效并以此为依据相应地为员工提供适当的奖励②。与此同时，员工还将评价管理人员的工作并为他们提供建议，管理人员应认真聆听并作出改进。

5. 比较与再交流

员工通过这个步骤把自己在完成了工作与任务后所获得的报酬奖励与公司其他员工比较，最好与具有类似职位的员工奖励比较，或将其与过去收到的奖励进行比较，根据比较的结果来决定自己对于这份报酬奖励的满意程度。如果员工对公司所给的报酬奖励认可和满意度高，则会继续留在公司并努力工作；如果员工的满意度低，则可以与公司管理人员进行建设性磋商，

① 肖淑芳，石琦，王婷，等.上市公司股权激励方式选择偏好——基于激励对象视角的研究[J].会计研究，2016(6)：55-62，95.

② 张东旭，张姗姗，董小红.管理者权力、股权激励与盈余管理——基于倾向评分匹配法和双重差分法的分析[J].山西财经大学学报，2016，38(4)：114-124.

以获取一个满意的报酬奖励①。若公司不能给予员工一个令其满意的结果，员工很可能选择离开公司，双方的契约关系将中断。

全过程激励模式主要利用了信息交流的作用，不断收集足够的员工信息，然后根据这些信息划分出激励工作的逻辑步骤。此种模式的可操作性较强。

第二节 公司股权激励设计

一、股权激励模式的选择

目前，世界各国通用的股权激励模式有股票期权、员工持股计划、管理层收购、股票增值权、业绩股票和限制性股票等。那么，应该用什么方法对员工进行股权激励呢？

（一）股票期权

与广义的期权概念一样，股票期权是指企业容许员工在特定的时期内以确定的价格购买一定数量的股票。至于是否行使这种权利由员工自行决定，员工自由度高。这种模式与业绩股票相似，在时间和数量上同样存在限制，并且购买股票的资金需要员工支付。近年来，我国资本市场上出现了一种名为虚拟股票期权的新型股票期权，这种模式将奖励替换成了虚拟股票。

（二）股票增值权

股票增值权指公司授予激励对象在一定的时期和条件下，获得规定数量的股票价格上升所带来的收益的权利。股权激励对象不可拥有这些股票的所有权，也不可拥有股东表决权、配股权。股票增值权不能转让和用于担保、偿还债务等。兑现形式可以是现金，也可以折合成股票，还可以是现金和股票的组合。因为这种模式通常以现金的形式实施，不需要购入公司的股票，所以有时也叫现金增值权。股票增值权不以增加股票发行为前提，因而不会对公司的所有权产生相应的稀释，也不会产生无投票权的新的股票持有者。

① 章雁，樊晓霞．中小板上市公司股权激励与公司绩效实证研究[J]．中国管理科学，2015，23（S1）：405-410.

（三）限制性股票

限制性股票指公司按照预先确定的条件授予激励对象一定数量的本公司股票，激励对象只有在工作年限或业绩目标符合股权激励计划规定条件时，才可出售限制性股票并从中获益。受益人拥有和出售这种股票的权利受到一定条件的限制，而要得到限制性股票，不需要付钱去购买，而是无偿获得。在限制期内不得随意处置股票，如果在限制期内经营者辞职或被开除了，股票就会因此被没收。

（四）虚拟股票

公司给予授予对象一定数量的虚拟股票，对于这些虚拟股票，授予对象没有所有权，但享有股票价格升值带来的收益以及享受分红的权利。虚拟股票在不授予股票的情况下，将授予对象的收益和公司的股票股价或资产价值的上升联系起来。

（五）账面价值股票

用股票的账面价值来衡量其价值，避免证券市场的反复无常、股票的市场价格常常因不可控因素而不断波动。当经营者得到公司股票时，其购买价格可以由股票当时的账面价值来决定，而不是由市场价格来决定。当公司回购此种股票时，也是以当时的账面价值作为股票的回购价格。当公司回购账面价值股票时，无论是支付现金，还是其他有价证券，经营者都可以得到两个账面价值之差带来的收益。对于非上市公司，账面价值股票作为经营者长期激励性报酬是可以操作的。

西方一些大公司也有采用账面价值股票向经营者发放报酬的，如美国花旗银行。账面价值股票不是真正意义上的股票，一般没有所有权、表决权、配股权，具体分为购买型和虚拟型两种。

（六）业绩股票

业绩股票指公司用普通股作为长期激励性报酬支付给经营者。具体的股份实施或者股权的转移，要由经营者是否完成并达到了公司事先规定的业绩指标来决定。很多公司以每股盈余（earning per share，EPS）的增长水平为标准来决定公司支付经营者股票报酬的数量。一般情况下，只有达到某一个水准，公司才实施事先承诺的股权转移，超过这一水准，则采用比例或累进的形式增加支付给经营者的股份。

（七）储蓄参与股票

储蓄参与股票指允许员工一年两次以低于市场价的价格购买本公司的股票。实施过程中首先要求员工将每月基本工资的一定比例放入公司为员工设立的储蓄账户，一般是税前工资额的2%～10%，少数公司最高可达百分之二十。其他股票激励一般来说是股价上涨时盈利，股价不变或下跌时没有收益；储蓄参与股票则是不论股价上涨还是下跌，都至少有价差的收益（一般为百分之十五左右），当股价上涨时盈利更多。与其他的股权激励模式相比，这更像是一个储蓄计划，其激励作用较小。

这种方法的使用往往不限于公司的高级管理人员，公司正式员工都可以参加，其目的是吸引和留住高素质的人才并向员工提供分享公司潜在收益的机会。

（八）股票无条件赠予

股票赠予安排，一般并不包含什么特殊限制或其他先决条件，股票往往作为报酬支付给公司的关键经营者。只有在公司受重大事件影响，处于关键性的转型时期，或是在刚刚成立，正处于艰难的创业时期的情况下，才会以股票无条件赠予作为长期激励报酬的模式提供给关键的经营者。这种模式在国有企业已被喊停。

（九）影子股票

经营者在被决定给予股票报酬时，报酬合同中会规定，如果在一定时期内公司的股票升值了，经营者就会得到与股票市场价格相关的一笔收入，收入是依照合同中事先规定的股票数量来计算的。以影子股票的形式向经营者发放报酬，要借助于股票，但又不实际发放股票。影子股票不同于虚拟股票，前者是以合同的形式参照股票价值给予经营者既定的收入，后者是经营者持有“股票”，参照股票价值给予经营者未定性收入。

（十）经营者持股

经营者持股指管理层持有一定数量的本公司股票并进行一定期限的锁定。激励对象得到公司股票的途径可以是公司无偿赠予；由公司补贴，被激励者购买；公司强行要求受益人自行出资购买；等等。被激励者得到的是实实在在的股票，拥有相应的表决权和配股权，并承担公司亏损和股票降价的风险。激励对象在拥有公司股票后，成为经营企业的股东，与企业共担风险，共享收益。

（十一）员工持股计划

员工持股计划指由公司内部员工个人出资认购本公司部分股份，委托公司进行集中管理。此时持有者拥有劳动者和所有者的双重身份，形成按劳分配与按资分配相结合的机制。它将员工利益与企业前途联系在一起，员工持股后便承担了一定的投资风险，这就有助于唤起员工的风险意识，激发员工的长期投资行为。

职工持股的观点最早是由美国律师凯尔索于20世纪60年代初提出来的。他认为，只有让职工成为企业的主人或所有者，才能真正协调劳资关系，提高劳动生产率，使经济持续平稳地发展。20 世纪 70 年代美国企业界和政府都在寻找可以把转移出来的消费基金转化为生产基金的路子，而员工持股正好适应了这个要求，从而在美国得到推广。在美国，职工持股作为一种面向企业全体员工的福利性比较强的股权激励工具，有时也作为企业创始人（或大股东）实现资本退出的有效途径。

（十二）管理层收购

管理层收购（management buy-outs，MBO）又称“经理层融资收购”，是指公司的管理者或经理层（个人或集体）利用借贷所融资本，购买本公司的股份（或股权），从而改变公司所有者结构、控制权结构和资产结构，实现持股经营。通常的做法：公司管理层和员工共同出资成立职工持股会，或公司管理层出资（一般是信贷融资）成立新的公司作为收购主体，一次性或多次通过受让原股东持有的公司国有股份，从而直接或间接成为公司的控股股东。由于管理层可能一下子拿不出巨额的收购资金，一般的做法是管理层以私人财产作抵押向投资银行或投资公司融资，成功收购后，再改用公司股权作抵押，有时出资方也会成为股东。管理层收购是一种极端的股权激励手段，因为其他激励手段都是所有者（产权人）对雇员的激励，而它则干脆将激励的主体与客体合二为一。

1997 年 3 月，上市公司大众科创的管理层借助职工持股会的名义，间接实现了对企业的控制。1999 年 5 月，四通集团经营者以四通职工持股会名义投资百分之五十一、四通集团投资百分之四十九，成立北京四通投资有限公司。此后，四通投资购买了四通集团持有的香港四通百分之五十点五的股份。这被称为中国第一例典型的MBO。2001年3月，宇通客车前总经理汤玉祥与22个自然人共同设立上海宇通创业投资有限公司，并通过这家企业，间接控股了上市公司——宇通客车公司。这是一家国有企业经营者实施MBO的典型案例。2003年前后，国企进入试点高峰，探索MBO改革。这种方式在几年前比较红火且备受争议，现在已经不存在企业实践了。

（十三）延期支付

公司为激励对象（管理层）设计一揽子薪酬收入计划，其中部分年度奖金、股权激励收入不在当年发放，而是按当日公司股票市场价格折算成股票数量，存入公司为管理层人员单独设立的延期支付账户。在一定期限后，再以公司股票形式或根据期满时股票市值以现金方式支付给激励对象。激励对象通过延期支付计划获得的收入，来自既定期限内公司股票的市场价格上升，即计划执行时与激励对象行权时的股票价差收入。如果折算后存入延期支付账户的股票市价在行权时上升，激励对象就可以获得收益。但如果股票市价不升反跌，激励对象的利益就会遭受损失。延期支付的主要目的是激励管理层作出考虑公司长远利益的决策，以免经营者行为短期化。

延期支付计划和股票期权的区别在于，在期权模式下，如果股票价格上升，那么激励对象可以行权；但如果股票价格下跌，那么受益人可以放弃行权来保证自己的利益不受损失。而延期支付的激励对象只能通过提升公司的业绩，促使公司股价上升来保证自己的利益不受到损失。

（十四）优先股

优先股是普通股的对称，在分配红利和剩余财产时比普通股具有优先权，但一般不能在中途向公司要求退股（少数可赎回的优先股例外）。优先股的主要特征：一是优先股通常预先定明股息收益率，所以其股息一般不会根据公司经营情况而增减，而且一般也不参与公司的分红；二是优先股的权利范围小，一般没有选举权、被选举权、投票权（少数可以享有投票权）。优先股的优先权主要表现在两方面：一是股息领取优先权。只要股东大会决定分派股息，优先股就可按照事先确定的股息率领取股息，即使普遍减少或没有股息，优先股亦应照常分派股息。二是剩余资产分配优先权。股份有限公司在解散、破产清算时，优先股具有公司剩余资产的分配优先权，不过其优先分配权在债权人之后。公司在赎回优先股时，虽是按事先规定的价格进行的，但由于这往往给投资者带来不便，发行公司常在优先股面值上再加一笔“溢价”。

需要注意的是，每一种方式都有其利弊和适用的背景条件，个别模式已经被政策喊停，可以有所了解，有选择地使用。

二、股权激励设计原则

（一）合规性原则

合法合规是股权激励最基本的原则。股权激励的普遍行使有明确的法律规定，因此，股权激励必须符合法律法规，不能触碰法律的红线。

（二）相辅相成原则

在具体的股权激励实施过程中，公司的战略计划与股权激励应该相辅相成，从而更好地为公司的发展服务。二者的统一有利于公司上下形成统一的思想，为了共同的目标行动，对公司中长期的发展起到引领作用。

（三）持续发展原则

对于这个原则而言，员工以及公司的价值认同是公司可持续发展的核心环节。股权激励作为一种长期激励方式，是持续、渐进的激励方式。因此，公司应该树立长远的发展眼光，坚持可持续发展，合理规划。

（四）重点突出原则

股权激励是一种重要的激励手段，它将人力资本与物质资本有效地结合在一起。它不是针对每个人的奖励，是对那些表现突出、对公司有着卓越贡献的员工的一种肯定。因此，应该量体裁衣，因人而异，对不同岗位、不同工作性质的员工设立不同的激励模式，从而使效用最大化。

（五）并行原则

在企业的激励设计环节中，一味地激励容易使员工产生习惯和依赖，导致边际效用递减。而有效的约束机制可以使员工明白股权激励的珍贵性，从而激发员工的积极性，明确权益和责任之间的关系，权责对等。

（六）可操作性原则

可操作性原则体现在股权激励设计的实际过程中，方案必须具备很强的操作性，如果方案的设定没有任何可操作的余地，那么无论设计得多么完美都只是纸上谈兵，没有任何实质性的效果。所以在方案的设计过程中，一定要使方案的执行接地气，能够积极地保证方案顺利实施。

三、股权激励的目的

股权激励的执行将对整个公司产生重要影响。在股权的激励过程中，我们必须思考如何使股权激励效果达到最大，如何能够形成良性循环，如何对不同员工实施不同的策略。因此，我们需要明确股权激励要实现的目标，以及要达到什么样的效果。

（一）有效解决委托—代理的问题

委托—代理问题一直是公司存在的巨大问题，股权激励的实施可以改善公司现有的管理问题，实现公司的长期发展。股权激励可以有效地促进公司的新一轮改革，改善现有的管理水平和体系，对今后的发展提出更高的要求。此外，管理制度的完善可以使公司形成良好的督促作用，使公司上下一心、同舟共济。

（二）形成主人翁意识

股权激励可以使激励对象成为公司的股东，从而使得激励对象是为自己打工，是为自己创造价值。因此，他们更加关注公司的盈利情况、公司的发展状况、公司的业绩变化，这些将会形成一股牵引力量，使员工关注组织的绩效，不断改善自己的工作方式，优化和创新，从而提升公司的整体竞争水平。

（三）保留核心团队

股权激励可以使公司留下核心团队，进而吸引更多的外部人才。外部市场环境激烈变化，导致竞争情况异常惨烈。在制造业中，竞争力的高低取决于人才质量的高低。股权激励的实施，可以使大家认同公司的文化发展，并且形成良好的认同感。较好的口碑传递也可吸引更多的外部人才，使公司的发展更进一步，从而有利于人才的培养和管理。

（四）降低交易成本

公司在不同的发展阶段将面临不同的问题，在不同阶段将制订不同的业务计划以及人才培养方案。人才的更迭换代是企业成长中必不可少的环节。如何妥善处理员工的新老交替问题、降低企业的交易成本对于处于成熟期的企业而言是一个巨大的挑战。而股权激励的实施，可以有效解决老员工退居二线的经济问题，从而使员工实现更换升级，有利于组织的进一步发展。

四、股权激励的设计要素

在设计和操作股权激励方案时，企业总会面临很多操作上的技术难题。因此，在设计方案时，要统筹规划，科学计算，缜密安排，确保能根据企业发展的实际，制订出一套适合企业发展的股权激励整体方案。下面就着重介绍股权激励方案设计中的九大要素。

（一）定目的

不同性质、不同规模的企业，或者同一企业处于不同的发展阶段，其实施股权激励计划的目的不同：有的是为了吸引并留住对企业整体业绩和持续发展有直接影响的管理骨干和核心技术人员；有的是为了调动员工的工作积极性，为公司创造更大的价值；有的是为了回报老员工，使他们扶持新人成长……

明确实施激励计划的目的，这是企业制订股权激励计划的第一要素，也是最重要的一步。明确了目的，也就知道了激励计划需要达到的效果，接下来才能据此选择合适的激励模式，确定相应的激励对象和实施程序。

（二）定对象

“定对象”即确定股权的授予对象，也就是激励对象。在激励计划中，激励对象的选择通常由公司的董事会决定。那么，董事会会选择哪些人作为激励对象呢？

一般来说，激励的重点应限于公司的董事、监事、高级管理人员，以及对公司未来发展有直接影响的管理骨干和核心技术人员，除此以外的人员成为激励对象的，公司应在备案材料中论证其作为激励对象的合理性。

目前，激励计划的激励对象范围渐渐扩大，除了上面提及的受益人，许多普通员工也被逐步纳入激励计划的激励范围。需要注意的是，在确定激励对象时，要综合考虑员工的职务、业绩和能力等因素。

（三）定模式

股权激励的模式多种多样，在具体的企业应用中，还不断地有新的股权激励模式被创造出来。所以，企业在应用的时候一定要根据企业内、外部环境条件和所要激励的对象，结合各种股权激励模式的作用机理，充分关注股权激励中存在的问题，选择适合自己企业的、有效的股权激励模式。

一般来说，中小型企业比较青睐虚拟股票（股份）和账面价值股票等模式，非上市企业通常使用期股、员工持股计划等模式，股票期权、业绩股票、延期支付等模式则是上市公司的首选。

再者，如果企业的激励对象是经营者和高级管理人员，那么业绩股票和股票期权是比较好的激励选择；如果激励对象是管理骨干和技术骨干等“重要员工”，那么激励模式可选用限制性股票和业绩股票；如果激励对象是销售部门负责人或销售业务骨干，那么业绩股票和延期支付是较适用的激励模式。

（四）定数量

“定数量”即确定将要授予的股权数量，它包括股权总量和个量这两个内容。

1. 股权总量

股权总量指可以用于股权激励的股权量占总股本的比例，它与企业总股本的大小有密切关系。虽然不同行业、不同规模、不同发展阶段的企业，授予的股权总量一般有所不同，但是无一例外，企业必须对授予的股权总量进行严格的控制：上市公司一般不得超过公司股本总额的百分之十，首次实施激励计划授予的股权数量应控制在股本总额的百分之一以内；但对于非上市公司则可以灵活掌握。

2. 股权个量

股权个量就是每一个股权激励对象获得的股权数量。通常，上市公司任何一名激励对象获授的本公司股权累计不得超过公司股本总额的百分之一；高级管理人员个人股权激励预期收益水平，应控制在其薪酬总水平的百分之三十以内。但非上市公司则可以根据公司经营情况灵活掌握。

（五）定价格

“定价格”主要是指确定股权的行权价格。行权价格是指公司向激励对象授予期权时所确定的、激励对象购买公司股票（股份）的价格。公司在设计股权激励的行权价格时，不宜过高和过低。一般来说，行权价格是根据授予日当天股票的市价确定的，等于、低于或高于这个市价，但是差额不是很大，通常在百分之十以内。对于初创企业及非上市公司，则采用协商的方式解决。

（六）定时间

“定时间”就是确定激励计划中的时间安排，包括股权授予日、有效期、等待期、可行权日及禁售期等。提示：如果选择股票期权作为激励工具，建议行权期原则上不少于2年，行权有效期不低于3年，有效期内匀速行权。

如果属于限制性股票，则需要约定相应的限制条件，如持股人员必须在公司服务满一定年限，满足条件后可以以一定价格转让所持股份，退出持股计划。该期限可以根据持股人员岗位的重要性以及与公司发展的密切程度区别规定，短期可为3年至5年，长期可为10年或10年以上。

（七）定来源

所谓的“定来源”，即“定股票（股份）来源”和“定资金来源”。定股票（股份）来源，即确定用于股权激励的股票（股份）的来源。一般说来，来源有发行股票（股份）、回购本公司股票（股份）以及采取法律、行政法规允许的其他方式这三种。定资金来源，即确定激励对象购买股票（份）的资金来源，其来源一般有激励对象直接出资，激励对象工资、奖金、分红抵扣，企业资助等几种。

（八）定条件

这里所说的“定条件”，就是确定股权的获授条件和行权条件。获授条件是指激励对象获授股权时必须达到或满足的条件。它主要与激励对象的业绩相关，只要激励对象的业绩考核达到了要求，企业就授予其股权，反之就不授予。

行权条件指激励对象对已获授的股权行权时需要达到的条件。它除了需要激励对象的资格必须符合要求，还需要公司的主体资格必须符合要求。只有这二者都合乎企业的要求了，激励对象才可以行权，获赠或购买公司股票，否则行权终止。

（九）定机制

股权激励计划的设计实施是一个系统性的工程，在设计好以上要素后，还应制定一系列相应的管理机制，包括激励计划的管理机制、计划的调整机制、计划的修改与终止机制等，为股权激励计划的顺利实施保驾护航。

第三节　股权激励方案实施的案例分析

一、公司概况

（一）公司简介

A 股份有限公司（以下简称“A 公司”）自 1994 年成立至今，先后设立多个省级技术中心，致力于医药制造研发已 20 余年，是经 B 省人民政府批准成立的股份制企业，并逐步发展成我国重点高科技股份制企业之一。A 公司凭借其效益、规模以及精良的技术跻身于我国优秀生物制药高科技企业的行列。2009 年 10 月 30 日，A 公司于深圳证券交易所正式上市。

A 公司长期专注于一系列生物技术药品的研究开发和核心技能的创建，包括基因工程产品、细胞工程产品等，在生物制药研发方面具有雄厚的实力，另拥有发明专利 40 多项，非专利技术 6 项，在很多领域都处在行业的领跑地位。A 公司还先后承担了国家科技攻关计划、重大新药创制等数十个项目，自主研发新药，并数次获得了国家和省级科技奖项。可以说，A 公司在生物医药行业，无论从规模、效益还是生产技术上来说都处于业内领先地位，对行业的发展有很大的影响。

（二）组织架构和股权结构

A 公司在多年来的发展中不断调整，并确定了其组织框架，包括股东大会以及总经理下属的九个分部，分别是研发部、人力资源部、财务部、信息部、事业部、证券部、国际贸易部、品牌部和公关部，其中事业部又分为五个部门，分别是生物药品事业部、生物监测事业部、大健康事业部、中药化药事业部和抗肿瘤事业部。各部门恪尽职守，相互配合，共同完成公司的发展目标。

A公司目前的持股主要集中在公司前十大股东上，前十大股东持股总数为46218.82万股，约占总股本为46.33%，将近半数。其中持股数量最多的是董事长兼总经理，其持股数量为27857.61万股，占总股本的27.93%，其次是副董事长、副总经理等，他们的持股数为18361.21万股，占总股本的18.40%。

二、实施股权激励的动因

（一）国家政策的引导

2005年，国家颁布了《上市公司股权激励管理办法（试行）》细则，为我国上市公司实施股权激励奠定了坚实的政策基础。这使得很多上市公司纷纷开始尝试股权激励。历经十余年的发展，虽然有部分上市公司的股权激励方案实施的效果不佳，但仍然有大量公司成功的案例，这说明股权激励是公司降低代理成本、提升运营效率及自身活力的重要公司制度。

（二）行业发展情况的严峻

近年来，由于宏观环境的改善，我国的医药行业发展势头持续向好，然而从事这种行业的公司在发展的过程中也存在许多问题，如资金来源短缺、资源配置不合理、所有者与经营者矛盾较多且行业较分散等难题。这些难题在一定程度上阻碍了我国医药行业的发展，并且降低了我国医药行业的竞争力。我国医药行业中的众多企业虽然面临着不少挑战，但机遇与挑战是并存的，把握发展机遇，不断开拓创新，积极迎接挑战，才能在未来更好地向前发展。

（三）公司利益的最大化

在公司内部实施股权激励制度，不仅可以让公司员工通过更多方式获得较高收益，调动他们的生产、工作的积极性，进而帮助公司获得较高的经济收益，而且A公司实施的限制性股票的股权激励制度所募集来的资金全部来源于公司内部员工，公司账目上的流动资金并未消耗或者损失，这就可以让公司在较低的运营成本下获得较高的公司经营效益。

（四）吸引人才的必然选择

股权激励的实施，使得管理经营者得到一定的股权并参与公司决策，从而激发了激励对象的工作热情，成为激励对象努力工作的动力。同时，限制性股票的激励模式具有一定的限制性条件，在实施的 3 ～ 5 年内，若激励对象在这个期限内没有达到公司既定的绩效考核标准，股权也会受到影响，并且如果激励对象在此期限内离职，则股权带来的收益也会相应丧失。为了使自己的股权利益不受损失，大多数激励对象选择在此期间留在公司，并尽可能地达到绩效考核标准。因此，这种激励模式在一定程度上为公司留住了优秀人才，同时也降低了公司的离职率。除此之外，公司一般会预留一部分在本周期内用于激励的股票，针对工作优秀、业绩良好以及新引进的人才再次实施激励，这不仅可以吸引人才，同样可以促进员工提升业绩，以促进公司的可持续发展。

三、股权激励方案的具体实施

A 公司结合自身的实际情况，在 2012 年和 2016 年分别实施了两次股权激励，并完成了三次解锁。以下是两次股权激励实施的具体方案。

（一）激励对象和激励数量

激励对象是指公司在实施股权激励时，被授予一定股权的对象。A 公司依据相关的法律法规及本公司章程的相关规定，根据公司自身的实际情况确定了 2012 年和 2016 年实施股权激励时，两期不同的激励对象。

2012 年激励对象：激励的总人数共 163 人，主要包括公司董事、高层和中层管理人员及核心技术人员，其中董事和高层管理人员 8 人，中层管理人员和核心技术人员 155 人。总股本为 18900 万股，授予大约股本总额的 3.17%，也就是 600 万股，首次授予约占股本的 2.86%，即 540 万股，其中预留股 60 万股。

2016 年激励对象：激励的总人数共 575 人，主要包括公司董事、高层和中层管理人员、核心技术人员以及经过董事会表决需要进行激励的相关员工，不包括离职人员、监事和独立董事。总股本为 53022 万股，授予大约股本总额的 3.39%，即 1800 万股。首次授予约总股本的 3.30%，即 1750 万股，其中预留股 50 万股。

（二）激励模式和股票来源

我国国内资本市场有效性较低，在这种情况下，我国上市公司的股票价格受到许多干扰因素的影响，波动也较大，上市公司的整体发展情况也不可只通过股票价格的高低走势来判断。因此，若上市公司采用股票期权来实施股权激励，则公司的股价波动较大时，持有股票的激励对象可能承担的风险也就相应变大，那么对于部分激励对象而言，在承担风险时可能会产生消极态度。

A 公司基于自身多年发展的实际情况，为了更好地稳定企业的经营管理，完善激励机制，激发职工们的积极性和创造性，使公司所有者和经营管理者的利益相统一，并促进 A 公司的持续稳定发展，因而最终两期均决定实施限制性股票激励模式。两期的股票来源均为定向增发，具体的股权激励方案如表 5-1 所示。

表 5-1　A 公司实施股权激励方案的计划表

方案要素	第一期	第二期
激励模式	限制性股票	限制性股票
股票来源	向激励对象定向增发	向激励对象定向增发
授权日	2012 年 5 月 14 日	2016 年 7 月 18 日
激励人数 / 人	163	575
授予价格 /（元 / 股）	5.83	13.06
激励数量 / 万股	600	1800

（三）解锁时间和解锁安排

两次股权激励的锁定期限均为 1 年，在 1 年之内，对于获授的股票进行锁定，且不得转让；解锁期限均为锁定期后 3 年的时间，在 3 年之内，公司应解锁达到条件的激励对象，并为其办理解锁事宜，不满足条件的激励对象的股票将被回购并且注销。具体的公司层面和个人层面的解锁安排如表 5-2 ～ 5-4 所示。

表 5-2　A 公司 2012 年的公司层面解锁安排表

解锁安排	解锁期限	解锁数量	业绩指标
第一次解锁	授予日 12 个月后至 24 个月内	本次获授限制性股票总数的 30%	2012 年基于 2011 年的 6332 万元净利润增长率≥ 20%，净资产收益率≥ 10%
第二次解锁	授予日 24 个月后至 36 个月内	本次获授限制性股票总数的 30%	2013 年基于 2011 年的 6332 万元净利润增长率≥ 40%，净资产收益率≥ 10%
第三次解锁	授予日 36 个月后至 48 个月内	本次获授限制性股票总数的 40%	2014 年基于 2011 年的 6332 万元净利润增长率≥ 65%，净资产收益率≥ 10%

公司就个人层面的解锁安排分别设置了“上、中上、中、中下、下”五个绩效考核等级，当考核等级是“中上”或者“上”时，则视为合格，说明被激励的对象可以解锁全部股票；如果考核等级是“中下”或者“下”时，则公司可以回购并且注销激励对象的股票；相比两种极端条件，当考核等级为“中”时，激励对象仍然保有一定的权利，可以解锁百分之八十的股票。

表 5-3　A 公司 2016 年的公司层面解锁安排表

解锁安排	解锁期限	解锁数量	业绩指标
第一次解锁	授予日 12 个月后至 24 个月内	本次获授限制性股票总数的 35%	2016 年基于 2015 年的 13625 万元净利润增长率≥ 20%，净资产收益率≥ 35%
第二次解锁	授予日 24 个月后至 36 个月内	本次获授限制性股票总数的 35%	2017 年基于 2015 年的 13625 万元净利润增长率≥ 40%，净资产收益率≥ 62%
第三次解锁	授予日 36 个月后至 48 个月内	本次获授限制性股票总数的 30%	2018 年基于 2015 年的 13625 万元净利润增长率≥ 65%，净资产收益率≥ 95%

本次激励计划依据员工的绩效考核结果分成六个档次，分别是 A、B、C、D、E、F 档，在“F”档次条件下则视为“不合格”，公司有权将对激励对象的股票进行回购并注销；其余档位则表示“合格”。

表 5-4　A 公司 2016 年的个人层面解锁安排表

考核分数	100 分	90 ～ 100 分	80 ～ 90 分	70 ～ 80 分	60 ～ 70 分	小于 60 分
等级	A	B	C	D	E	F
个人解锁比例 /%	100	90	80	70	60	50

（四）股权激励实施对公司绩效影响分析

1. 偿债能力分析

流动比率 = 流动资产 / 流动负债率

速动比率 =（流动资产 – 企业库存）/ 流动负债率

资产负债率 = 负债总额 / 资产总额 ×100%

对于流动比率，如果指标偏高，则说明公司的流动资产占用率可能较高，库存积压也可能较多，对公司的获利能力和资金使用率可能会产生不良影响。对于速动比率，如果指标偏高，则说明公司在速动资产方面资金占用越多，公司投资的机会成本也越大。一般认为，企业的这两项指标分别保持在 1 和 2 以内对于企业的发展将更为有利。

企业的资产负债率可以体现负债水平和资本的架构。资产负债率过低说明企业的主要资本来源是股东投入的资本，而不是通过负债进行融资；资产负债率过高则会增加企业偿还债务的压力，所承担的利息也会随之增加，使得企业的运营风险有所提高。企业的资产负债率为 40% ～ 60% 则企业处于正常发展水平（一些特别行业除外），可以促进企业健康平稳发展，致使企业面临的资金风险压力比较小。A 公司具体偿债能力指标见表 5–5。

表 5–5　A 公司的偿债能力指标

财务指标	2011 年	2012 年	2013 年	2014 年	2015 年	2016 年	2017 年
流动比率	7.2	5.4	5.0	3.0	4.5	1.3	1.8
速动比率	6.8	5.0	4.7	2.2	3.9	1.1	1.6
资产负债率 /%	10.0	11.2	11.9	15.5	9.8	27.4	22.0

从表 5–5 和图 5–1 中可以看出，A 公司在经历了 2012 年和 2016 年两期的股权激励之后，流动比率和速动比率均不断地靠近 1，均趋向正常合理的发展态势，资产负债率也经过两次股权激励后整体有所提升。A 公司实施限制性股票激励之后，公司的规模不断得到扩大，举债经营也愈加明显。这也说明了两期的股权激励对公司的偿债能力提升起到了积极的作用，从行业发展状况和企业的未来发展来看，资产负债率的不断上升也逐渐趋向合理的范围。

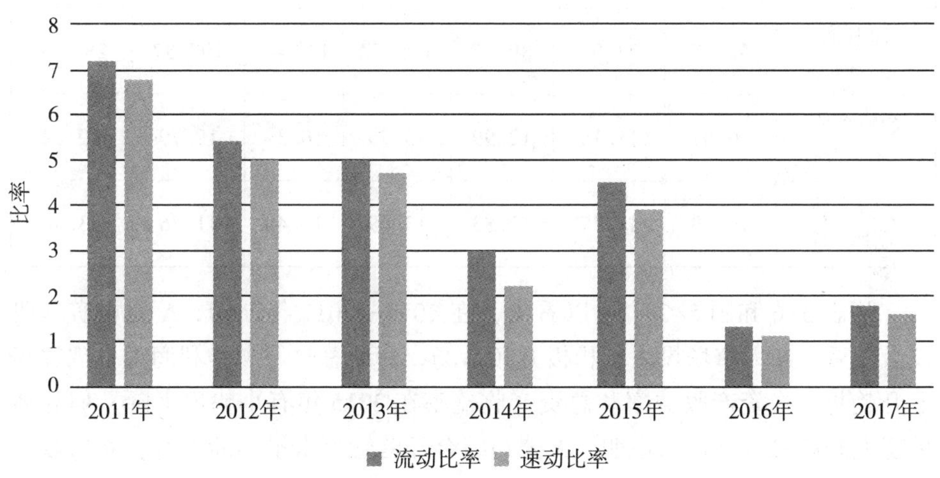

图 5–1　A 公司流动比率和速动比率柱形图

2. 盈利能力分析

企业盈利能力是指企业通过自身的生产经营活动，在符合国家相关规定与行业相关经营准备的基础上，提升企业利润的能力。这种能力的强弱将直接关系到社会各界对一个企业的发展评价，并且盈利能力的测评标准需要在一个不确定的时期内进行。

净资产收益率 = 净利润 / 净资产 ×100%

总资产收益率 = 净利润 / 平均资产总额 ×100%

净资产收益率可以体现公司资产收益的效率，从而体现股东在公司中的盈利能力。也就是说，公司的净资产收益率增高，公司的盈利能力也随之增强，公司股东们的利益也越能得到保障，股权激励的整体参与者获得的收益也会更高。

总资产收益率关系到资产使用率和资金使用率。在公司总资产定额的条件下，通过分析总资产收益率，能够看出公司在盈利方面是否持久和稳定，并分析公司未来可能面对的风险，还可体现公司的经营能力。A 公司具体的盈利能力指标见表 5-6。

表 5-6　A 公司的盈利能力指标

财务指标	2011 年	2012 年	2013 年	2014 年	2015 年	2016 年	2017 年
营业总收入 / 万元	268.15	337.94	430.35	542.41	635.76	849.22	1096.27
净利润 / 万元	62.17	73.95	89.87	108.77	132.43	197.87	281.78
净资产收益率 /%	10.01	11.14	12.99	13.75	10.34	12.79	19.02
总资产收益率 /%	10.39	11.77	12.83	13.09	11.40	11.76	13.36

从表 5-6 和图 5-2 中可以看出，在 2011—2017 年期间，A 公司实施股权激励后，加大市场投入，积极开拓市场，营业总收入和净利润都呈现逐年上升趋势，净资产收益率和总资产收益率在 2015 年有小幅度下降，但总体呈现上升趋势。这足以说明，A 公司综合经营管理水平不断提升，获取收益的能力越来越强，股权激励的整体参与者获得的利益也不断增加，公司盈利水平稳步提升。

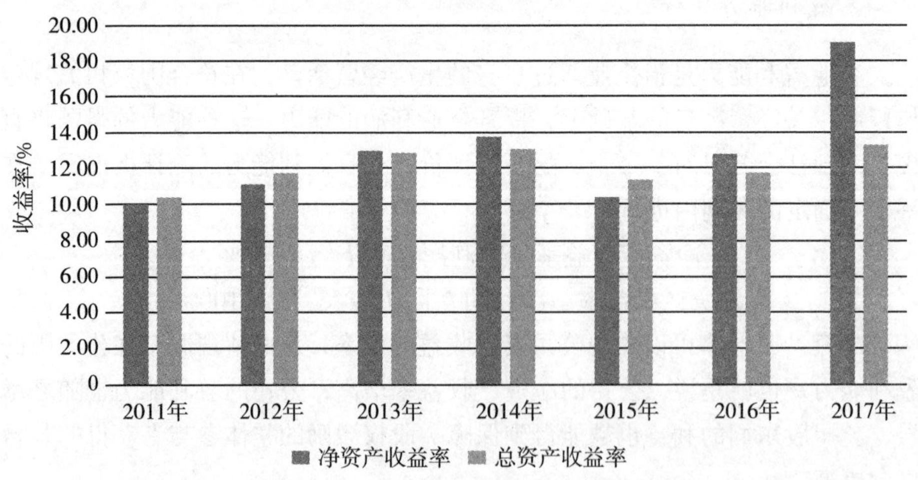

图 5-2　A 公司净资产收益率和总资产收益率柱形图

3. 营运能力分析

营运能力分析主要是以企业资产运营率和效益为基准，计算和分析可以反映该基准的各项指标，并以此来评价公司的营运能力，从而为公司提供一个有利于效益增加的明确方向。该方法可以很好地评判营运效率并从中发现问题，是偿债能力和盈利能力分析的基础和补充。

企业的经营生产水平由营运资产率和企业的资产营运效率来展现，目前通常对总资产周转率、存货周转率、应收账款周转率等进行分析。企业在生产与经营的过程中，通过分析总资产周转率可以进一步确定企业的资产经营状况以及企业的营运效率。如果企业的总资产周转率升高，企业资产营运效率和营运能力也会随之增长。A 公司具体的营运能力指标见表 5–7。

表 5–7　A 公司的营运能力指标

财务指标	2011 年	2012 年	2013 年	2014 年	2015 年	2016 年	2017 年
应收账款周转率 /%	6.1	6.3	6.5	6.6	6.1	5.5	4.9
存货周转率 /%	4.4	4.4	4.4	5.2	4.3	3.8	3.6
总资产周转率 /%	0.4	0.5	0.6	0.6	0.6	0.5	0.5
流动资产周转率 /%	0.6	0.9	1.0	1.3	1.3	1.2	1.2

从表 5–7 和图 5–3 中可看出，在 2011—2014 年期间，应收账款周转率呈逐年上升的趋势，从 2015 年后开始逐渐呈现下降趋势。再看存货周转率，它的变化趋势呈现出与应收账款周转率相同的变化，亦是前 4 年保持增长趋势，从 2015 年开始呈下降趋势。虽然应收账款周转率和存货周转率都在 7 年之内有上下的起伏，但总体看来波动幅度较小，基本处于平稳的良好状态。通过对 A 公司营运状况详情的探究，我们发现应收账款周转率和存货周转率从 2015 年开始下降的原因是 A 公司在 2015 年前后开始扩大公司规模，提升了产品的市场占有率，并加大了对研发的资金投入力度，因此 A 公司营业收入大幅增加，从而使得应收账款和存货的余额都相应增加。

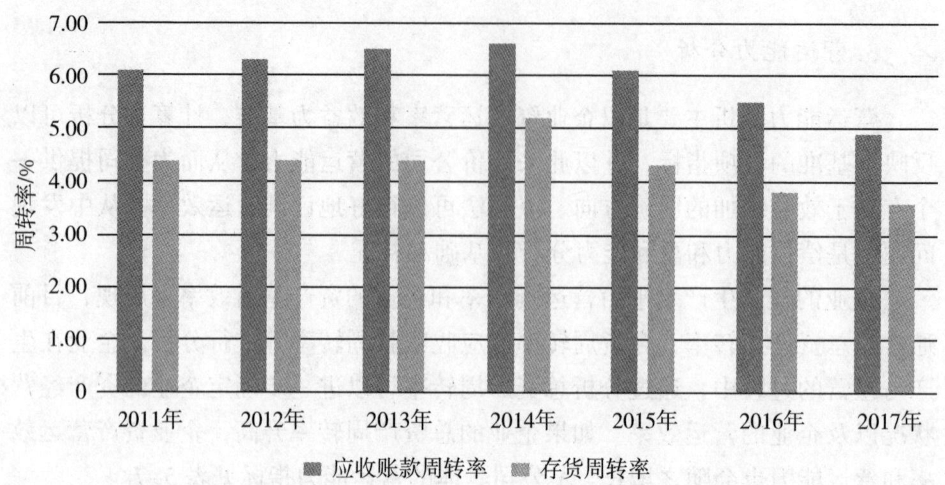

图 5-3　A 公司应收账款周转率和存货周转率柱形分布图

从表 5-7 中还可看出，A 公司的总资产周转率基本保持在 0.5 左右，波动的幅度较小，在这 7 年之内基本保持稳定的水平。流动资产周转率在 7 年之内成倍速增长，从 2011 年的 0.6 增长到 2017 年的 1.2，并逐步稳定在 1 的水平之上。

由此可看出，在实施股权激励之后，A 公司的营运能力整体来说得到了稳步提升，虽然在 2015 年扩大公司规模、研发投入力度增大等措施使得各项数据受到影响，小幅下降，但这并不表示公司的营运能力没有得到改善。总而言之，A 公司经过两次的限制性股权激励，减少了资源的浪费，优化了公司的资源配置，提升了资产利用率和市场占有率，并促进了企业稳定持续发展。总的来说，股权激励的实施提高了企业资产利用率和经营管理水平，对 A 公司的运营总体起到了积极的作用。

4. 发展能力分析

企业的发展能力是企业在生产经营活动中，为了实现其规模效应，不断地扩大生产和经营规模，以此来增强企业发展的潜力。随着经济的快速发展，上市公司数量日渐攀升，且相互间的竞争愈演愈烈，无形之间迫使各公司必须做到稳步发展，否则被淘汰将成为必然命运。因此，公司更应重视本公司的发展状况，提升发展潜力，在发展中求稳定，在稳定中求发展。如今，总资产增长率和净资产增长率等指标是各公司普遍采用的评价发展能力的重要指标，通常而言，该类指标与公司发展能力呈正相关性，公司的发展能力随着该类指标的升高而升高。下面选取总资产增长率、净资产增长率和主营业收入增长率三项指标，对 A 公司的发展能力进行分析，具体数据如表 5-8 所示。

表 5-8 A 公司的发展能力指标

财务指标	2011 年	2012 年	2013 年	2014 年	2015 年	2016 年	2017 年
总资产增长率 /%	2.4	8.2	14.8	22.1	53.0	40.3	14.7
净资产增长率 /%	4.1	6.6	13.9	17.1	63.5	12.8	23.4
主营业收入增长率 /%	17.5	26.2	27.3	26.0	17.2	33.6	29.1

从表 5-8 和图 5-4 中可以看出，公司实施股权激励计划后，总资产增长率和净资产增长率一直在向上增长，至 2015 年底分别达到较高数值，这是 A 公司并购导致的。在 2016 年第二期股权激励计划实施后，总资产增长率和净资产增长率都开始呈现出下降趋势，逐步恢复到原来的增长态势，保障了企业的盈利能力。净资产增长率相对于 2011 年来讲，总体处于上升的趋势。主营业收入增长率虽然在 2015 年有所下降，但在第二期股权激励实施之后，又基本恢复到上升趋势。由此可看出，A 公司在实施了两期股权激励后，激励的效果较显著，发展能力指标总体而言得到了稳步提升。

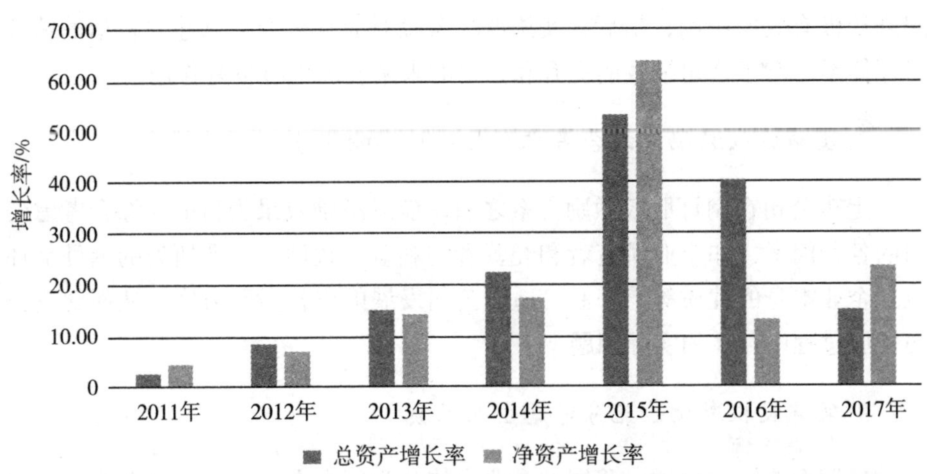

图 5-4 A 公司总资产增长率和净资产增长率柱形图

通过以上 A 公司实施股权激励方案对绩效影响的分析，我们可以看出，A 公司根据行业特点和自身发展需求，选择了合适的激励模式，即限制性股票激励模式。这种激励模式具有很好的灵活性和指向性，最重要的是，满足

A公司的实际客观需求——留住核心技术人才。另外，A公司通过该股权激励方案有效地促进了公司的长期稳定发展。通过分析各项绩效指标可知，该股权激励方案的实施很大程度地提高了A公司的盈利能力和营运能力，对于企业的长期发展也起到了重要作用，此外还稳定了偿债能力，企业的各项绩效指标整体都呈现良好发展趋势。因此，总体来看，A公司实施的两次股权激励是成功的，对于公司的长远发展也是积极有效的。

（五）经验启示

通过以上的实证研究和对A公司的案例研究分析我们可以看出，对于上市公司而言，实施股权激励需要从自身的企业性质和公司的实际情况出发，选择适合公司发展的激励模式，从而达到良好的激励效果，促进企业长期稳定发展。

1. 实施股权激励应考虑其与公司绩效的相关性

首先，实施股权激励应使股东利益和管理者利益最大限度地保持一致，降低成本，保障公司参与者的利益，有利于企业的绩效提升和长远发展；其次，应扩大对管理人员及核心技术人员的激励力度，除了薪酬，适当调整持股比例，可以减少人才的短期流失，提高员工忠诚度，从而对企业绩效提升起到积极有效的作用；最后，实施股权激励时应在公司内部建立科学的绩效考评体系，对于公司绩效的提升和公司的未来发展也有良好作用。

2. 实施股权激励应综合考虑企业各种影响因素

上市公司在制订股权激励方案之前，应以激励效果为目的，综合考虑公司的各种因素，如企业所有者和经营者的利益一致性、企业所处的内外部环境、企业本身的性质等，来制订适合公司发展的股权激励方案，从而解决公司发展过程中存在的实际问题。

3. 实施股权激励应充分考虑企业性质

按照企业性质分类，我国的企业大体分为国有企业和非国有企业。由于企业性质的不同，在实施股权激励的过程中，股权激励的手段和激励效果也会有所差异。企业为非国有企业的，设计股权激励方案要考虑行业现状，对企业的高中层管理人员以及核心技术人员的激励力度应尽可能加大，使其持股比例得到公平合理的分配，充分发挥员工积极性和创造性，从而取得更好的激励效果，促进企业长远发展；国有企业虽然实施股权激励效果可能稍优于非国有企业，但在股权激励方案制订时也应结合国家的宏观经济状况，并全面考虑企业实际情况，更好地促进企业绩效提升。

4. 实施股权激励应选择合适的激励模式

对于处于不同行业的各企业来说，它们都应根据企业自身的特殊性和不同的目标来选择适合自身的激励模式，切忌一味模仿其他企业的激励模式，这样才能更好地发挥激励的作用，从而有效地提高企业绩效。另外，企业所处的发展阶段对于股权激励模式的选择来说也比较重要。一般情况下，对于尚处于起步发展阶段的企业而言，使用股票期权的激励模式较好，而限制性股票的激励方式更适合处于成熟期的企业。从本文的案例中我们也可以看出，A公司在企业发展到一定程度，已经逐渐步入成熟期后，采用限制性股票实施股权激励，因此激励的效果比较显著。

第四节　公司股权激励存在的法律问题

我国自20世纪末引入股权激励制度，在立法、司法与公司实践方面探索的脚步就从未停歇。2016年7月13日，中国证监会在结合近年来实践需要的基础上，正式发布《上市公司股权激励管理办法》（以下简称《管理办法》），为股权激励在我国的进一步发展营造了良好的政策环境。然而，在股权激励飞速发展的同时，实践中股权激励纠纷案件急剧增加，且股权激励涉及的内容比较庞杂，触及的法律关系较多，股权激励存在的法律问题也多种多样。

一、股权激励合同性质不明确

众所周知，公司进行股权激励是以股权激励合同为载体，确定当事人双方的权利和义务而让股权激励计划的内容得以落实。股权激励合同是当事人享受股权激励所产生的利益的法律依据。股权激励合同的性质的认定不同，会导致纠纷解决程序以及合同中对敏感条款效力认定不一。目前，学术界与司法实践中都对股权激励合同的性质认定存在争议。而在案件审判过程中，因为合同性质的不同认定，法律适用必然也会存在差异，进而可能影响当事人权益的保护以及裁判结果的公正性。遗憾的是，我国《公司法》《劳动法》

等相关法律文件中并没有对股权激励的性质予以明确。仅在《管理办法》第三十三条，对股权激励计划草案拟定机关予以明确。关于股权激励合同性质认定主要存在如下两种意见。第一，股权激励是典型的附条件的民商事合同。在股权激励合同中，劳动者已不再是为了获取工作机会而作出承诺，而是为获得优惠条件购买本公司股票而作出承诺。股权激励合同是激励对象与公司所有者在《合同法》的基础上，经平等协商后针对公司股权认购而签订的新增资本认购合同关系。所以，因股权激励产生的纠纷应当按照一般的民商事合同纠纷处理。第二，股权激励合同是劳动合同。股权激励合同本质上并没有改变劳动合同的性质，其目的是激励劳动者，并以股权激励合同的方式加强和稳固劳动关系，这是一种公司对员工的管理行为。根据《管理办法》的规定，股权激励计划草案的拟订机关为董事会下设的薪酬与考核委员会。所以，股权激励合同应当属于劳动合同，属于《劳动法》调整的范围。

从理论层面来说，以上两种观点产生最主要的原因是对我国人力资本是否能够作为出资形式的争论。有的学者认为，股权激励制度的发展是人力资本逐渐融入公司资本的表现形式，股权激励的实质就是一种以劳务换取股权的形式，允许劳务作为出资形式对减少此类合同争议纠纷有巨大的帮助作用[①]。所以，将股权激励合同认定为民商事合同并无不妥。例如，美国《商事示范法》中确定了劳务出资的可行性。一些学者认为，股东出资后该出资转为公司所有，并作为公司对外承担责任的财产基础，所以出资财产应当具有可转移性与强制执行性，劳务不能作为出资形式[②]。所以，股权激励合同不能被认定为普通的民商事合同进行处理，应当以《劳动法》的相关规定为依据。

从立法层面来说，这两种观点的产生是由于我国目前没有明确的法律依据说明股权激励性质问题。一方面，我国在出资形式问题上一直采用法定资本制。1993 年《公司法》规定了严格的法定列举式阶段；至 2005 年《公司法》才适度地放松了公司的资本管制，在第二十七条规定，股东可以采用货币的方式出资，也可用实物、知识产权等非货币形式出资，但法律、法规规定不得作为出资的财产除外；2013 年《公司法》修改后仍然保留了这种较为宽松的法定资本制，但均未对劳务出资的合法性进行认可；2014 年国务院发布的《中华人民共和国公司登记管理条例》中给予劳务出资否定性评价。另

① 赵威．股权转让研究 [M]. 北京：中国政法大学出版社，2017：172.

② 江平，许冰梅．论公司法的修改与完善 [J]. 中央财经大学学报，2002（3）：1-5.

一方面，我国《劳动法》等相关法律中，个别条款过于刚性，没有给新型的报酬方式预留空间。股权激励所获收益具有或有性、变动性与非货币性，这与目前《劳动法》等相关法律中对劳动者薪酬的要求有一定差别。

二、股权激励法律规范不健全

一国或一地区法律在推动股权激励计划以及保障公司与员工权益等方面具有不可替代的作用。目前，我国关于股权激励的法律主要有公司法、劳动法、会计法、证券法以及税法。在股权激励探索的过程中，我国还颁布了一系列的规章制度来规范股权激励在实践中的操作，如《上市公司股权激励管理办法（以下简称《管理办法）》《国有控股上市公司（境内）实施股权激励试行办法》《国有控股上市公司（境外）实施股权激励试行办法》《上市公司信息披露管理办法》《证券投资基金管理公司治理准则（试行）》以及财政部与国家税务总局发布的一系列关于股权激励的税务收征管理通知等。但在实务操作中，股权激励法律规范仍有不足之处，需要进一步完善。

首先，《管理办法》中对股权激励合同性质认定、股权激励监管方面的规定存在不足且规范层级较低。在《管理办法》中，原则性规定没有明确的衡量标准，导致在实践中对其难以适用。如第十一条，关于绩效考核方面的要求应当科学且合理，但其合理性、科学性标准难以量化。在股权激励合同性质认定方面，《管理办法》表述不明确。在第二条中，虽然对股权激励进行定义，对股权激励合同性质认定起到了引导作用，但并没有明确其适用的法律；第三十三条只规定薪酬与考核委员会负责草案的拟定，对股权激励收益的性质理解容易发生争议。在股权激励监管方面，《管理办法》中实行独立董事与监事会双重监督并行，但只是笼统地规定监事与独立董事应当对授权主体、授权条件发表意见，对于二者发表意见的权限与监督重点并没有明确的分工，这样的规定在施行的过程中，不仅会造成监督权限重合，相互推诿、资源浪费，而且会增加公司监督成本。

其次，《公司法》中公司治理结构不完善，个别条款规定过于严格。在公司治理结构方面，根据《公司法》的相关规定，我国采用“三会”治理的模式，即股东会是最高的权力机关，董事会负责公司的经营与业务的执行，监事会负责对公司业务进行监督，并在发展的过程中，借鉴西方的独立董事制度与诚信义务规则，对其予以简化，以期完善董事会管理的独立性与有效性 《公司法》中对董事、监事、高级管理人员的义务一起作出规定。然而，我国对诚信义务的规定过于原则性，致使相关法律以及司法裁判在适用上发生困难。在股权回购方面，回购条款作为股权激励的核心条款之一，在我国有着非常严格的法律规定。原则上，《公司法》规定公司不得回购本公司股权，但第一百四十二条以列举方式对公司回购股权作出例外规定，为激励股权回购提供合法依据，并且在《管理办法》中，股权回购成为激励股权的重要来源。此外，《管理办法》第二十六条、第二十七条还就应当回购的情形、回购价格以及回购程序等方面作出明确规定。尽管如此，我国现行的股权激励回购制度仍存在一些不足与矛盾。一方面，在回购限额与持有回购股权时间方面过于严格，不利于股权激励的长期实施。在《公司法》中规定股份回购不得超过总额的百分之五，并且所收购的股份最长持有时间为1年。股权激励是一项长期激励制度，《公司法》的严格规定对股权激励的实施造成阻碍。另一方面，《公司法》与《管理办法》在回购股权转让问题上不能相互衔接。不同于《公司法》中对于公司持有回购股权最长时间规定，《管理办法》规定了授予日与行权日之间间隔最短时间为12个月。在实际操作中，想要同时满足上述规定十分困难。不仅如此，《公司法》与《管理办法》中回购份额的规定也存在矛盾。《管理办法》中规定的股权回购份额不超过总额的百分之十，远远超过《公司法》限定的比例。

最后，《劳动法》等相关法律在劳动关系界定、劳动报酬界定以及特殊劳动合同规定等方面存在不足。有学者认为，《劳动法》以劳动关系为主要调整对象①。在我国，《劳动法》与《劳动合同法》中缺乏对劳动关系的定义，使得在如何判断其是否属于劳动关系方面没有法律依据。在实践中，股权激励案件“同案不同判”的情况时有发生。在劳动报酬方面，我国《劳动法》第五十条确定了工资的货币形式；《劳动合同法》第十一条明确了劳动报酬必须是具体的、固定的。而股权激励所得具有或有性、变动性与非货币性，这些特征使股权激励在法律上的适用存在困难。此外，我国的《劳动合同法》中对劳动合同的形式规定过于单一，对附条件劳动合同等特殊合同的规定还没有进行规范。在员工身份方面，对于一些特殊职位的员工细化规定仍需要进行进一步探索、完善。

三、公司治理结构不完善

公司治理问题是各国实践中普遍存在的问题。在解决董事会监督不足的问题上，从国外的一些实践来看，大致分为两种类型：其一，以英美国家为

① 谢增毅.劳动法的改革与完善[M].北京：社会科学文献出版社，2015：3.

代表的独立董事制度；其二，以德日为代表的在董事会之外设置监事会的制度。我国在监督制度上分别借鉴了这两种模式，形成具有中国特色的独立董事制度与监事会制度并存的模式，以加强公司的内部监管。但其在监管过程中还存在以下两个问题。

（一）董事会监督作用难以发挥

董事会是公司的经理等经营管理者的直接任免与监督机关。在公司的经营管理过程中，我们发现大多数的公司经营者与董事会瓜葛不清，这样一来，在股权激励的监管方面就可能出现“既是考生又是考官”的情况。虽然根据《管理办法》第三十四条等相关条款的规定，在对股权激励计划草案进行决议时，拟参与股权激励计划的董事应当回避。但在实践中，董事之间、董事与公司之间存在多样化的利益联系，因此并不能解决董事会难以保持其独立性的问题。

我国目前实行的股权激励制度是舶来品，在监管模式上也借鉴西方的薪酬委员会制度，并在《管理办法》第三十三条予以规定，希望以此来提高股权激励方案的公正性、独立性与有效性。然而，我国目前还不具备有效运作类似专门委员会的条件。结合众多学者的观点，我国目前实行的股权激励制度主要存在以下几方面的不足：第一，缺乏独立能力，即管理层对独立董事的选择具有重大影响甚至决定作用。第二，缺乏有效的监督能力，即没有独立获取监督所需信息的渠道与监督动机。第三，我国独立董事的占比过少。我国《公司法》第一百二十二条虽然肯定了独立董事制度，但在相关法律文件中只设置了最低标准，其法定数量仅为全体董事的三分之一。而在实践中，大多数公司的独立董事数量仅满足法定要求，独立董事制度在我国发展艰难且不具有较强的影响力。第四，薪酬与考核委员会缺乏运作基础。此类专门委员会的运作是建立在完善的董事会、公司治理结构以及整体法治环境与法治观念基础上的。但目前我国无论是董事会还是公司治理结构都没有达到薪酬委员会运行要求。

（二）监事会监督缺位现象严重

《管理办法》中大篇幅地对股权激励实施程序中监事会的职责进行了规定，如监事会应当就股权激励计划草案是否有利于公司发展、是否损害公司或股东利益的情形发表意见；监事会拥有审核股权激励名单的权利与义务。但在实践中，我们发现监事会普遍存在监督缺位现象。究其原因有三：首先，监事会人员独立性难以保持。监事会的成员不能完全独立于股东会乃至董事会之外。例如，在国有企业中，监事多由工会主席、党委副书记、纪委书记等兼任，与董事长、总经理在党政职务上的上下级关系，使其在身份上、利益上难以独立[①]。其次，监事的信息来源与知识结构存在缺陷。一方面，良好的信息渠道是保持监事能够独立发表意见的基础。但在实践中，由于监事不参与公司的日常经营与管理，其信息来源以及调查权的行使都受到不同程度的限制。另一方面，监事会要履行其监督职能必须有相应的知识作为基础，才能够对管理人员的行为作出合理判断，缺乏相应的知识如经营管理、财务审计或者法律知识都会影响监事人员对被监督者行为的判断。然而，在我国的《公司法》以及相关行政法规中，都只针对监事的消极任职资格进行了规定，并没有规定积极的任职资格。最后，缺少激励与约束机制，监事工作主动性差。我国的公司普遍没有针对监事的业绩评估体系，也没有相应的激励措施，使监事会消极怠工状况严重。国资国企问题专家季晓南在2015年《中国企业报》中表示，近年来企业大案要案大多不是监事会披露和发现的。这不仅显现了监事在公司治理中履职困难，也说明了监事履职懈怠的问题。而在究责机制方面，概括地要求监事、董事等人员具有忠实与勤勉的义务。这种原则性的要求，无论是《公司法》还是《管理办法》中都没有准确的衡量标准，不利于监事会监督职能的充分发挥。

四、股权激励方案设计不科学

（一）行权标准过低

激励计划的有效实施，不仅有赖于法律环境的保障，其自身的行权条件还必须具有可行性与合理性。如果行权条件设定得过低，激励对象不需要努力就可以达到的话，股权激励就会失去其激励作用；如果行权条件设定得过高，激励对象穷尽努力也无法达到，股权激励也就无存在的意义。我国《上市公司股权激励管理办法》（以下简称《管理办法）第二章对行权条件作出了规定，但在实践过程中公司在行权标准方面仍存在一定不足。主要表现为对股权激励产生的基础法律关系界定不清，致使对激励对象范围判定存在问题。最新的《管理办法》对激励对象的范围作出明确规定，并且为了保证股权激励的公正、有效实施，将独立董事、监事与大股东排除于股权激励对象

① 李建伟．公司法学[M]. 2版．北京：中国人民大学出版社，2011：331.

之外。但股权激励实施过程中，激励对象与公司的法律关系将处于动态变化之中，如何界定其法律关系，成为股权激励方案设计的重要问题。

（二）等待期设置较短

《管理办法》第二十四条规定，激励股票的授予日与解锁日之间间隔不得少于 12 个月。在实践中，我国上市公司激励对象的首次等待期一般为 1 ～ 2 年，低于国际通行的 2 ～ 3 年的水平，而多数企业首次解锁比例在百分之四十左右，在这种情况下股权激励计划仅在 2 ～ 3 年内就能够完成，无法做到长期激励，容易引发激励对象的短期行为，背离股权激励计划实施的初衷。

第五节　公司股权激励法律保护的完善

一、明确股权激励合同法律性质

（一）股权激励合同是劳动合同的补充与延伸

第一，股权激励合同符合劳动合同规定的构成要件。首先，合同的目的明确。股权激励的重要目的是激发劳动者价值的有效发挥与稳固劳动关系，使公司能够快速、有序地发展。其次，具有人身性。股权激励并不是任何人都可以任意参与的，而是以劳动关系为基础，公司处于支配地位。再次，主体特定。根据我国《管理办法》第二条的规定，股权激励合同的双方与《劳动合同法》相符，劳动者与用人单位为其主体固定不变。最后，股权激励合同的签订并没有改变劳动从属性这一基本特征。

第二，股权激励所得属于“薪酬”的范围。从国外的实践状况来看，美国自 20 世纪 50 年代开始实施股权激励，当时的美国个人所得税的累进税率非常高，采用股权激励最主要的目的就是合法且合理避缴高额的个人所得税，使员工获得更多的收入。其后，关于激励股权是否计入会计成本的问题，美国存在诸多争议。20 世纪 80 年代，随着股权激励在美国的发展与完善，英国等欧洲国家也开始引进这一激励方式。同样在欧盟的《国际财务报告准则》中，也确认股票期权是报酬的一种形式。

从我国的实践来看，我国法律从侧面肯定股权激励所得属于“工资薪酬”所得。虽然现行的《劳动法》没有对股权激励报酬作出明确规定，但在一些地方性文件以及国家税务文件中却已经将股权激励所得纳入劳动报酬的范围，如《天津经济技术开发区劳动管理规定》明确规定，用人单位对高级管理人员和高级专业技术人员除支付货币工资外，还可以采取年薪、利润分成、股票期权等分配方式；从国家税务总局《征收个人所得税若干问题的规定》《关于我国居民企业实行股权激励计划有关企业所得税处理问题的公告》以及《关于股权激励和技术入股所得税征管问题的公告》等文件来看，员工通过股权激励所得作为“工资薪金”在征收企业所得税前予以扣除。综上所述，股权激励所得属于“薪资”范畴，股权激励合同的本质就是对劳动者薪资的补充约定。

（二）股权激励合同是一种附条件的法律行为

首先，其所订立的条件是将来发生的事实。在股权激励合同中，授予方所作出的股权激励需要考虑激励的长期性与有效性，股权激励约定的条件必然是将来发生的事实。劳动者只有在授予方规定的时间内，达到双方约定的条件，才能取得激励股权。其次，条件成就具有不确定性。在股权激励合同中所附条件的成就是获得激励股权的必要前提，所附条件一般与劳动者的当年业绩或者科研成果挂钩，无论是财务指标还是科研指标都具有一定的不确定性。最后，股权激励合同中条件的约定基于当事人自由的意思表示，而不是基于法律规定的事实。基于此，股权激励合同是一种附条件的法律行为，即当劳动者满足股权激励所约定的条件时有权获得激励股权；劳动者没有在约定的期限内成就约定的条件，则无权获得激励股权。

此外，在股权激励合同中，附条件或附期限法律行为是当事人对法律行为效力添加限制条款，并不是独立的意思表示，而是加入意思表示的个别事实，是意思表示内容的一部分。可以说附条件是当事人应对未来不确定事实的法律手段，虽然现行的《劳动合同法》中没有关于附条件劳动合同的条款，但《劳动合同法（草案）》曾对附条件的劳动合同略有提及，并且目前并无法律明确规定劳动合同不可以附条件。从契约自由的角度来看，附条件的劳动合同应当是被允许的。

综上所述，虽然随着时代的发展，人们发现股权激励有着诸多优势，股权激励的生命力就在于它增加了激励对象的收入，是传统薪酬体系的补充与延伸。纵观世界大多数的国家，它们早已将股权激励制度与传统薪酬制度视为共同构成员工薪酬体系的重要部分。同时，这种补充约定是附有一定的条件，只有满足条件时员工才能获得激励股权。所以，股权激励合同属于附条件劳动合同的范畴，是在传统劳动合同基础上进行的些许创新，使其能够更好、更有效地适应经济发展的多样性和复杂性。

二、完善股权激励的相关法律

（一）完善《上市公司股权激励管理办法》（以下简称《管理办法）等相关法律文件的规定

2016 年《管理办法》的发布，结束了股权激励法律规范参差不齐的时代，对股权激励法律体系的发展与完善产生了重要影响。《管理办法》对股权激励条件、信息披露、监督管理等方面结合市场的实际需求作出了较为详细的规定，并且进一步赋予了公司自治空间。但在实施的过程中仍存在规范层级较低、原则性规范难以量化、不能发挥薪酬与考核委员会建设性作用等问题，需要加以完善。

第一，提高《管理办法》立法层级。由于我国股权激励发展与立法方面实行先试点后推广、先地方后国家的发展方式，与股权激励相关的众多法律规范性文件由处于工作第一线的行政管理部门发布，并在股权激励实施初期起到了非常重要的规范与引导作用。但随着股权激励在全国大范围的开展，提高《管理办法》的立法层级，为股权激励制度构筑坚实的法律基础，对促进股权激励法律体系的完善具有重要作用。

第二，细化原则性规范的衡量标准。在《管理办法》中出现了较多原则性的规定，以促进公司的自主性与灵活性。但减少行政干预并不意味着对公司实施股权激励行为予以放任，绩效考核是股权激励的核心内容，绩效考核指标是否科学、合理将直接影响股权激励的效果。然而，什么样的考核指标才是科学且合理的？合理性与科学性的标准该怎样去衡量？这些问题需要监管机构进行解决。绩效考核指标可以适当地放宽，但中国证监会需要拟定综合的指标作为评价基础，以方便对企业考核指标的合理性与科学性进行判断。

第三，明确股权激励性质与监管主体。目前，《管理办法》是我国规范股权激励实施的主要文件之一，关于股权激励合同属于何种法律性质的规范，应当在其中予以明确。这不仅有利于股权激励方案科学、合理的设计，也有利于税收征管工作的开展。此外，《管理办法》第三十三条仅规定了薪酬与考核委员会单一的草案拟定职责，没有明确其监管主体的地位，在第四十六条、第四十七条中将授权与行权条件是否成就的审核权交由董事会，对股权激励的公允实施造成一定障碍。从英美等国的实践经验来看，董事会下设的薪酬委员会是公司实施股权激励的内部监管主体，并且在安然与世通等多个公司财务造假案件发生后，美国颁布了《萨班斯法案》，此后董事会基本由独立董事组成来确保董事会监督职能的发挥。但我国目前独立董事人数只占董事会人数的三分之一，在这样的情况下，将股权激励的监管权交予独立董事占多数的薪酬与考核委员会，同时将审核权交由监事会行使更为适合。

（二）完善《公司法》的相关规定

第一，细化董事、监事以及高级管理人员忠实与勤勉义务的衡量标准。在英美法中，公司所有者将公司的管理权基于信任委托给管理人员，管理人员基于此种信托关系而承担诚信义务，具体包括忠实义务与注意义务。我国在立法中借鉴了其优秀经验，《公司法》第一百四十七条规定了董事、监事与高级管理人员对公司负有忠实、勤勉义务。但在实践中，我们发现《公司法》中对于诚信义务仅作出原则性规定，缺乏具体衡量标准，导致其在审判过程中适用困难。在此，我们可以借鉴美国《美国标准公司法》8.30条规定的对于注意义务的三个标准：善意、注意与合理相信。我们也可借鉴英国衡平法中的衡量标准，即将诚信义务分出三个标准：一是主观标准，对于没有某种专业资格或经验的非执行董事，看其是否尽到最大努力；二是客观标准，对具有某种专业资格经验的非执行董事，看其能否尽到同类专业水平的注意义务；三是适用严格的推定知悉原则，即对于只有具有专业水平才能聘用的执行董事，不管其是否具备某种资格或经验，只有履行了专业的技能和知识，才能被认为是合理履行。借鉴上述经验，在《公司法》中建立起一套具有可操作性的衡量标准。

第二，完善回购程序，促进《公司法》与股权激励其他规范性文件的相互衔接。一方面，完善回购程序。《公司法》仅对回购份额和回购转让时间进行了规定，并没有对回购决策机关、回购股份方式等具体问题进行规范。《管理办法》虽然强调对于因特殊情况终止股权激励计划，对尚未解锁的限制性激励性股票，上市公司应当回购。但是公司没有回购细则的指导，面对我国严厉的回购条款，当持有人不愿意向企业出售其持有的激励股票时，企业对激励股票回购就明显处于被动状态，并且操作程序显得无所适从。因此，在《公司法》中对回购的管理与决策机关、回购的方式、回购的种类以及标准程序等方面加以完善，对股权回购纠纷的解决具有重大作用。另一方面，明确回购股权份额与回购股份转让时间，促进《公司法》与《管理办法》相互衔接。《公司法》中关于回购股权份额、回购股权转让时间等的规定与《管理办法》中规定的不一致。各国的实践经验向我们展示了股权激励的生命力，对于《公司法》中股权份额与回购股权转让时间限制方面适当修改，给股权激励发展预留一定的空间是完善股权激励法律构建的重要一环。值得注意的是，由于我国实行以点到面的股权激励开展模式，所以目前股权激励的各类规范文件繁杂且相互之间存有矛盾，《公司法》与《管理办法》中的规定不能衔接并不是个例。因此，促进《公司法》与《管理办法》等有关股权激励的规范性文件相衔接以及众多规范性文件的整合，对推动股权激励制度的发展具有重要意义。

（三）完善《劳动法》等相关法律

近年来，我国在劳动合同、劳动争议调解等方面的法律相继出台，我国劳动法律体系已经初步建立。然而，我国进入市场化用工的历史并不长，并且用工情况相对其他国家而言较为复杂，想要建立起完善的劳动法律体系任重而道远。就股权激励制度而言，随着股权激励制度的广泛使用，股权激励纠纷案件不断增加，明确股权激励法律性质显得愈加迫切。

首先，明确股权激励所得的法律性质。正如前文所述，股权激励所得属于“工资薪酬”的范畴。我国的市场经济发展状况、税收制度等方面与英美国家存在差异，我们并不需要完全模仿英美国家的立法方式，将股权激励所得纳入资本得利的范畴进行税收缴纳。但目前我国的《劳动法》等相关法律中并没有对股权激励报酬的性质作出明确规定。因此，在《劳动法》中肯定股权激励所得是“工资薪资”的一部分，这不仅对解决激励股权引发的纠纷具有重要作用，而且与税收征管方面的规定也能相互衔接。

其次，明确股权激励所产生的法律关系。众多学者认为，劳动法是调整劳动关系以及与劳动关系有密切关系的其他社会关系的法律[①]。由于股权激励的特殊性，员工在参与股权激励计划后其与用人单位的关系发生一定程度的转变。股权激励双方之间是否仍是劳动关系？激励对象在满足股权激励合同约定的条件后以优惠的价格取得激励股权，虽然与公司建立了股东关系，但此种股东关系与一般资本投资产生的股东关系有着本质的区别，不符合投

① 谢增毅．劳动法的改革与完善[M]. 北京：社会科学文献出版社，2015：19.

资中最基本的对价要求，并且其目的不在于增资而在于激励员工——前文已进行相关论述。因此，股权激励所产生的法律关系应当属于《劳动法》等相关法律调整的范围。在劳动关系的判定方面，德日等国的《劳动法》中首先是对劳动者的从属性进行界定，判断其是否属于劳动关系；《美国公平劳动标准法》以及英国的判例法与劳动立法则是将劳动者进行多标准的区分，以期更加全面地保护劳动者利益。这些对我国劳动关系的界定具有十分重要的借鉴意义。在《劳动法》等相关法律中明确劳动关系的内涵以及判定的标准，对劳动纠纷的判定与法律适用具有重要的推动作用。

最后，明确股权激励合同的性质。股权激励是劳动市场博弈的结果，在《劳动合同法》立法中，应当处理好劳动保护和劳动市场灵活性的关系①，为股权激励等类似的合同留有一定的自治空间；应当在我国的《劳动合同法》中明确特殊劳动合同的法律地位。同时存在高级管理人员在公司中既处于被支配的地位又支配其他员工的情形，所以应当将高级管理人员与一般的劳动者在《劳动法》等相关法律中加以区分。这将对股权激励等特殊行为的合法适用与合理裁判起到举足轻重的作用。

（四）以软法规范引导股权激励制度的完善

在当今社会，公司治理具有多样性、实践性以及变动性，仅仅依赖国家立法难以应对非常复杂的具体的现实问题，来自民间的丰富灵活的软法规范在各国公司治理实践中发挥了不可替代的作用。软法规范是指原则上没有法律约束力但有实际效力的行为规则，是非官方或半官方机构发布的原则、守则、声明、建议、指南、报告等形式的规范的总称。软法规范制定者包括证券交易所、律师协会、法学会、银行以及公司治理专家委员会等各类非官方或半官方的机构。相比于柔性的制度，刚性的制度则更可能导致强烈的对抗，因此柔性的制度更加有利于和谐社会关系的形成。基于此，一些学者提出了“国家与社会二元化”“法治国家与法治社会”“法治意味着广泛的社会自治”等论断。20 世纪 90 年代以来，在各国公司治理领域，除了立法规范外，软法规范也开始步入大众视野。由于股权激励涉及的领域较广，综合法律、会计等相关领域人员共同制定一部“股权激励最佳操作指南”是解决股权激励纠纷的一种行之有效的方式。

总而言之，随着股权激励在我国的快速发展，股权激励制度需要由各部

① 谢增毅．劳动法的比较与反思[M]．北京：社会科学文献出版社，2011：4.

门法律规范共同构成，并且各部门法律、法规以及规章之间应当相互协调，同时需要将软法与刚性法律有机地结合起来，为股权激励在中国的发展创造良好的法制环境。

三、完善公司治理结构

在实施股权激励计划的过程中，我们在强调完善立法、司法等对股权激励加以约束、引导的同时，应当重视公司内部约束与监督机制的构建，用内外结合的方式对股权激励进行管理。在下文中，笔者就如何让董事会与监事会有效配合，共同发挥对股权激励的监管作用提出几点建议。

（一）强化董事会的内部监管

在董事会的监管中，由于独立董事与经理层没有任何的利益联系，因此独立董事在增强董事会的独立性方面起到了非常重要的作用。在实践中各国也逐步认识到独立董事的重要性，并作出相应的规定。我国引进独立董事制度以后，在立法上给予其职能上的肯定与保障，但独立董事在中国公司治理中起到的监督作用却十分有限。在完善独立董事制度方面，可以从以下几方面着手。

其一，增强独立董事的独立性。独立董事想要保持独立性需要多个条件相互配合，其中，在选任机制方面，防止管理层把控现象的出现、拥有畅通且独立的信息渠道、保证其监督信息来源独立等条件是独立董事独立的必要条件。

其二，增加董事会中独立董事占比。美国于 2002 年颁布的《萨班斯法案》明确规定，审计委员会中独立董事必须占绝大多数。英国在 1995 年发布的《格林伯利报告》中认为，薪酬委员会应当全部由独立董事组成，这样可以避免潜在的利益冲突。从上述两国的实践经验来看，增加独立董事占比是完善独立董事制度必不可少的一步。

其三，建立有效的激励机制，在此方面我们可以借鉴美国的激励模式，即设置两种激励机制：一是声誉激励机制，在公司中设立考核机制，评定声誉等级；二是直接的薪酬激励机制，如具有竞争性的职位补贴。以此来促使独立董事主动地参与公司的业务监督与咨询。

（二）充分发挥监事会的监督职能

我国《公司法》要求公司都必须设有监事（会），以履行对公司业务的监督职能。但在实践中，监督职能难以有效发挥与发挥重合的现象屡见不鲜。为解决这一问题，我们需要进行两个方面的完善。

一方面，为保持监事会独立性创造条件。首先，减少经营者对监事会的干预，保持监事会物质上的独立性。其次，完善监事会成员的知识结构与信息渠道的建立。在立法上，可以借鉴西方国家的优秀经验，在规定消极任职资格的同时，促进积极任职资格的法律规范的建立；在公司实践中，在监事的选举时应当充分考虑到监事职责，针对公司需求，选举具有专业资格的人才。最后，建立监事会激励与考核机制，促进其监督职能的主动发挥。

另一方面，协调与整合两种监督制度，促进二者发挥监督职能。首先，明确监事会的职责定位。与独立董事对董事会进行内部经营与决策监督不同，监事会应当是代表股东会对董事会与高级管理人员经营行为是否符合勤勉尽责义务、公司经营状况是否正常进行监督。其次，明确监事会的工作内容与工作重点。由于两种监督制度职责定位不一，在实施监督行为时应当明确监事会不享有公司决策权，只能对董事与高级管理人员是否落实股东会决议、程序是否合法等方面进行监督。其主要关注监督对象的合法性与公司财务状况是否符合发展预期与公司利益。最后，促进监事会制度与独立董事制度相互衔接。这两种制度并行是我国特有的监督方式，因此在监督内容与程序方面都不能照搬照抄西方国家的相关规定。在我国，监事会从事检查、落实、评价与反馈等工作，这是一种事后监督方式。但公司内部监督应当贯穿始终，所以，在实施监督的过程中，应当注重与独立董事相互衔接、定期交流，促进信息流转，促进监督职能的相互补充。

四、建立完善股权激励风险防控机制

建立完善的股权激励风险防控机制有利于充分发挥股权激励的作用，使激励对象能够在“短期行为”以及“道德风险”方面得到强有力的约束，使激励对象与公司所有者的利益无限趋于一致。不健全的股权激励法律制度不但可能增加公司的经营风险，而且容易与激励计划的初衷背道而驰。所以，建立完善的股权激励进入与退出机制尤为必要。

（一）优化股权激励准入机制

近年来，以美国为首的英美法系国家，在公司治理方面总结出了许多优秀的经验以及公司治理原则，如扩张诚信义务体系。我国在股权激励计划中对进入机制的设置，最终将落实到具体的考核指标上，但我国并没有在激励办法或者其他法律法规中制定统一的考核指标。一般来说，大多数企业将经营业绩作为考核的主要指标，但绩效考核标准中所涉及的指标越少，公司通过对公司业绩进行处理从而符合绩效考核标准的难度越低，越容易出现股权激励失效的情况。因此，在绩效考核标准的设计阶段应当注重以下两方面。

一方面，设计科学的指标权重。在公司层面上，应当充分考虑公司过去的发展情况、行业内其他企业发展情况以及国内外大的经济环境等因素，提出合理、有效且全面的绩效考核标准；在个人层面上，考核周期应该适度拉长。

另一方面，将诚信义务纳入考核指标。考核指标中应当结合激励对象的个人业绩水平、综合能力以及诚信状况等因素。诚实信用原则作为基本原则之一，被广泛应用于生活中。在公司考核体系中加入诚实义务的要求，建立责任追究机制，对表现优秀者给予嘉奖，对表现不良者给予惩罚。

（二）细化股权激励退出机制

对公司来讲，股权回购不仅是股权激励计划中激励股份的来源，而且为公司提供了一种可供选择的经营策略。股权激励的目的在于使激励对象与公司所有者的利益具有一致性，实现利益共享。但并不是所有的事情都能按照预设的轨道进行下去，此时科学的退出机制显得尤为重要。我国《公司法》第一百四十二条以及《管理办法》中都对股权回购的事由、比例以及程序方面略有涉及。但由于立法对股权激励回购方式的缺失以及程序方面模糊，股权回购在实践中也产生了较多争议。公司在制订股权激励计划时，应当细化激励股权退出机制，与激励对象预先订立回购条款，在股权回购方面应当明确约定以下三方面内容。第一，回购主体。由于限制性股票的特殊性，在回购条款中应当明确回购方为公司，这样既有利于公司对股权的控制，也有利于避免契约自由原则而产生纠纷。第二，回购价格。在此方面，上海家化详细约定不同情形下不同回购价格的做法值得众多企业借鉴。价格是回购的核心内容，在平等自愿、友好协商的基础上确定股票回购价格可以有效避免纠纷。第三，回购流程中的时间点。在股权回购生效事由发生后，何时启动回购程序对合同双方具有重要意义。应当有明确的支付回购价款以及办理转移登记手续时间节点，保证回购效率，减少因回购时间过长而产生纠纷的风险。

股权激励的形成与发展是多重因素叠加影响的结果，其中最为主要的是其迎合公司实践需要。由于其在激励、吸引和留住企业人才方面的巨大作用，股权激励被大多数的企业追捧。但任何事物都具有两面性，除了在股权激励给予企业更优化的股权治理结构、激发员工的工作热情、提高员工工作效率以及吸引大批人才加入等方面的积极影响外，激励对象为了自身短期利益，违反诚信义务侵害公司权益的事件时有发生，公司以股权激励合同侵害劳动者权益的事件亦时有发生。而在审判实践中对股权激励纠纷的法律适用也存在诸多争议，出现“同案不同判”的现象。在此情况下，完善股权激励制度，构建完善的股权激励法律体系显得尤为迫切。西方国家在股权激励立法方面已经较为成熟，借鉴其优秀成果，对我国股权激励的发展具有重要的推动作用。然而，在认定股权激励性质与完善股权激励的相关法律时，我们必须认识到我国与英美等国家在历史、文化、经济发展水平以及国家政策方面都存在巨大差异，完全照搬或照抄外国法律必然会出现“水土不服”的症状。

第六章　双重股权结构及相关法律问题

第一节　双重股权结构概述

一、双重股权结构的界定

（一）概念阐释

双重股权结构也称双层股权结构、不同投票权架构或表决权差异安排，是指不同于一股一权制度股权结构，而区分为普通表决权股和特别表决权股两种差异化表决权的股份有限公司的股权结构形式。我国上海证券交易所科创板发布的《上海证券交易所科创板股票上市规则》第四章第五节规定了表决权差异安排的具体规则，是我国对双重股权结构的开放性表态之后首次对其作出具体详细的规定。科创板作为双重股权结构的"试验田"，该规则对相关法律制度的构造作出了先导性贡献，也同时为《公司法》和《证券法》引入双重股权结构相关法律制度给予了诸多借鉴。

（二）内涵和外延

双重股权结构是基于《公司法》《证券法》和公司治理相关法律理论而引入的一种有别于一股一权股权结构的股权结构，其本质是便于创始人团队控制公司。一方面，双重股权结构根据公司经营权和控制权规则，保障公司表决权的灵活性，并创造性地区分了普通表决权股（A 股）和特别表决权股（B 股）；另一方面，它是在法律框架内对监管利益和公司利益的一种择优选择，是投资人和创始人团队利益最大化的一种双向妥协结果。

双重股权结构外延十分丰富，公司股权结构、公司治理结构是它的上位概念，一股一权制度、三重股权结构是它的同级概念，双重股权结构投资者保护、双重股权结构外部监管和内部监督等是它的下位概念。下面根据《公司法》具体法律规定和公司治理相关法律理论对此做一个梳理。

公司股权结构是指一个公司股东的具体构成，包括股东类型、不同种类股东持股所占比例、股份的集中或分散程度、股东稳定性、高层管理者持股比例等，而公司治理结构是一个有争议的经济学概念。从主体范围来讲，广义的公司治理结构比公司股权结构更大些，而狭义的公司治理结构与公司股权结构的关系更为密切，尤其是股份集中和分散程度直接影响着公司治理的具体情况。例如，股份集中的公司在公司治理时大股东的积极性更高且表决权行使时效果更明显，但也会出现大股东侵犯中小股东利益的情况；而股份分散的公司在公司治理时由于小股东众多，且小股东行使表决权积极性较低，更容易出现“搭便车”的情况，使得公司的实际控制权落入经营者的手中而不是股东的手中。正因如此，双重股权结构作为公司股权结构的一种，其高表决权的特别表决权的股权结构设置，使持有特别表决权股份的股东获得较高表决权比例，成为创始人团队防止股权稀释和外部恶意收购并且展现自身独特管理价值和经营理念的一种重要的公司治理方式。

除了双重股权结构，还有一股一权制度和三重股权结构。其中一股一权制度的使用最为广泛，影响更加深远，双重股权结构就是一股一权制度下的一种例外。我国《公司法》第一百零三条和第一百二十六条规定，每一股份拥有一表决权和每一股份应当具有同等权利均是一股一权制度的法律化表达。由此可见，我国《公司法》在公司股权结构上遵循的还是一股一权制度，背后原理主要是股权平等原则和股东民主原则，即在一股一权制度下任何股东所拥有的股权都按照每一股份等于一个投票权的方式表现，所拥有的每一股份都享有同等的权利和义务。在《公司法》所规定的一股一权制度面前，股东的股权可谓“只有多少之分，没有高低之分”。《公司法》第一百三十一条规定也为国务院留出了可以另行规定双重股权结构的制度构建空间。双重股权结构的细则制定作为一种制度实践，已经出现在上海证券交易所科创板之中。而三重股权结构过多的股权划分经常导致严重的公司治理问题，如决策独裁、内外部监管困难等，因此实践中三重股权结构比较少见。典型的案例就是 2017 年 Snap 在美国纽约证券交易所上市。Snap 除了发行每一股份 1 个投票权的 B 类股票（类似于双重股权结构股票中的普通表决权股票）和每一股份 10 个投票权的 C 类股票（类似于双重股权结构股票中的特别表决权股票），还同时发行无投票权的 A 类股票。Snap 由此成为全球首家发行三重股权结构股票的公司。

双重股权结构的下位概念，包含双重股权结构的投资者保护、双重股权结构外部监管和内部监督等问题，这些问题可能是公司股权结构及其治理的共同问题，也可能是双重股权结构的独有问题。

（三）法律特征

双重股权结构的法律特征有结构差异性、主体特定性、制度时效性。

通过对双重股权结构内涵和外延的分析，我们可以看到它作为一股一权制度的例外所具有的含义。双重股权结构与一股一权制度不同，它具有结构差异性、主体特定性、制度时效性的特征。但从经济学角度来看，双重股权结构还有融资资金稳固、可实现利益最大化、兼容性高等特征。由于本书是对双重股权结构从法律层面进行剖析，因此双重股权结构的法律特征有结构差异性、主体特定性、制度时效性。

结构差异性是与一股一权制度股权结构的一致性相比较而言的。一股一权制度即每一股份所代表的表决权是相同的，而双重股权结构是有明显差异的，一层是特别表决权，另一层是普通表决权，泾渭分明地将股权划分为两层，在股权设置上极具差异化色彩，这也成为双重股权结构最显著的特征。

主体特定性是与一股一权制度股东平等性对比而言的。一股一权制度的每个股东如果持有的股份相同，那么所附权利和义务也是完全相同的，股东地位和行使权利也是完全一样的；而双重股权结构的主体是特定的，这个特征是针对持有特别表决权股份的股东而言的。因为在普通表决权股东范围内还是遵循一股一权制度，持有特别表决权股份的股东拥有每一股份可以代表多个表决权的特别权利。特别表决权股不是随便什么人都可以拥有的，它往往需要公司在上市或者修改公司章程时，通过主要投资者和股东大会一致同意而将特别表决权赋予特定的人或者团队，在实践中通常是赋予创始人或创始人团队。因为股票比重往往不支持他们在一股一权制度下控制公司，并且容易令公司被外部资本收购，所以他们会通过双重股权结构来达到掌控公司、防止恶意收购的目的。因此，双重股权结构特别表决权股拥有特定主体，这也是双重股权结构的重要特征之一。

制度时效性是相对一股一权制度的连贯性而言的。一股一权制度的实施常常是连贯的，即一个公司在一个国家或者地区适用一股一权制度，往往从公司的成立、运行到消亡，公司股权结构都是一股一权制度；而双重股权结构制度适用是具有时效性的，就如同诉讼时效一样拥有开始、中止、中断的各种情况。一般公司是在上市时适用双重股权结构。一旦一个公司想要在上市时适用此制度，第一，必须满足证券平台所在国家或地区允许双重股权结构制度公司进行上市。第二，往往只能在公司首次公开发行前适用双重股权结构，不能上市之后再适用。第三，如果出现规定的重大事项或者已到预期约定的时间，双重股权结构的特别表决权股即会转化为普通表决权股，也就是说，双重股权结构是有时效的，而这种双重股权结构的特别表决权股转化为普通表决权股的相关规定，也被称为双重股权结构的“日落条款”。因此，制度时效性也是双重股权结构的另一个重要特征。

二、双重股权结构价值分析

双重股权结构的价值意义表现在两方面：一方面，体现公司意思自治。因为公司是在法律的框架下设立的以追求经济利益为目的一种组织形式，双重股权结构就是公司在法律的框架下为了公司发展得更好，对股权结构进行意思自治。双重股权结构是委托人在衡量了代理成本和公司经济利益之后与代理人（经营者）作出的一个契约约定，即放弃了公司的“资本多数表决”原则，把一股一权的表决权让渡给拥有特别表决权股的经营者，使得这类经营者通过意思自治获得公司控制权。另一方面，体现当下时代知识资本优先原则。现代的公司股权较为分散，决策效率并不高，而决策者对公司发展至关重要，公司究竟让谁去做决策是一个关键问题。相比拥有大量资金的股东，以创始人团队为代表的经营者更加了解公司产品和服务，拥有更加专业的经营管理经验和独特的企业文化价值认同，这属于一种隐性知识资本，并且在当下公司中还有显性知识资本，如公司知识产权成果、计算机编程技术成果和特殊科学技术成果等。这些知识资本伴随着公司的发展壮大而快速累积。只有创始人团队这种一直伴随公司发展的经营者可以充分利用知识资本。基于以上考量，双重股权结构将公司的控制权赋予创始人团队，让其作为公司的决策者，以实现公司利益的最大化。

（一）正向价值

1. 保障公司获取外部融资与创始人及其团队掌握公司控制权

双重股权结构的最大优势就是保障公司获取外部融资，同时保证创始人团队对公司控制权的掌握。在一股一权制度下，一个公司外部融资必然会导致创始人团队原有的股权被稀释，使得创始人团队有可能失去对公司的控制权。以阿里巴巴公司上市前持股比例为例，根据阿里巴巴公司 2013 年向香港联合交易所提交的上市申请书可知，机构投资者软银公司是其最大的股东，持有 7.98 亿股，持股比例 34.4%；第二大股东是雅虎公司，持股 5.24

亿股，持股比例22.6%。在这两大股东之后才是当时的创始人兼董事会主席马云，持股2.06亿股，持股比例8.9%；当时的董事会执行副主席蔡崇信持股8350万股，持股比例3.6%；而当时的CEO陆兆禧、COO张勇等高管的持股比例均未超过1%。若按照一股一权制度，创始人马云以及管理团队会失去阿里巴巴集团的控制权。因此，阿里巴巴集团提出了“合伙人制度”，即符合公司认可的“合伙人”（如创始人马云等）可以拥有特殊的董事提名和任免权，通过“合伙人制度”保障了创始人马云以及管理团队对阿里巴巴集团的控制权。这种“合伙人制度”也被当时的香港联合交易所视作双重股权结构的一种。双重股权结构可以让公司接受大量的外部融资，并且创始人团队不会失去公司的控制权，其利用的就是双重股权结构中特别表决权股的高表决权。这样一来，创始人团队通过拥有特别表决权股，获得优势比例的表决权来控制公司，外部投资者也顺利地获得投资收益，可谓是“鱼和熊掌兼得”之举。

2. 预防恶意收购

双重股权结构的另一个优势就是可以预防恶意收购。恶意收购又称敌意收购，是指收购公司在没有经过目标公司董事会同意的情形下进行的收购活动，宝能入股万科事件是我国近年来影响最大的恶意收购案例。2015年，宝能入股万科，被人们称为“野蛮人入侵”，由于万科的股权比较分散，在宝能入股之前，万科的第一大股东华润持股比例也才15%，并且万科的创始人王石放弃了公司个人股权，不对万科形成控股，因此宝能收购万科成本较低。自2015年7月起，宝能通过旗下公司五次举牌增持万科股份，成为万科第一大股东，这种行为引发了以王石为首的万科管理层团队的不满，此后万科管理层通过引入深圳地铁入股来化解这次恶意收购的危机①。宝能入股万科事件在股权分散问题和如何预防恶意收购公司方面引发争论，使得利用双重股权结构预防恶意收购的优势显现出来。Jarrell和Poulsen从反面进行论证，二人对美国20世纪70—80年代的近百个双重股权结构公司的研究表明，收购双重股权结构公司后会导致股价的显著下跌。双重股权结构可以从根本上解决公司因股权分散被恶意收购的问题。双重股权结构通过对创始人团队持有的特别表决权股的股权倍数设置，可以让特殊表决权股每一股份等

① 李占卿，孙悦，康子惠. 试论双重股权结构制度在我国的应用——基于“宝万之争”[J]. 经济论坛，2018（6）：125-128.

于 5～20 个表决权，这使得外部机构无法通过购买二级市场流通的普通表决权股来达到通过收购最终控制公司的目的。20 世纪 80 年代，美股市场也掀起恶意收购的浪潮，而双重股权结构拥有可以预防恶意收购的优势，使得很多公司在美股市场上市之前纷纷利用双重股权结构规避恶意收购风险，这也是双重股权结构在近些年来流行的原因之一。

3. 保持公司长期持续稳定发展

保持公司的长期持续稳定发展，与公司内外部环境（公司外部的安定与公司内部的稳定）均有关系。在外部环境中，国家政策与监管、行业健康发展和市场稳定都起到了重要的作用。例如，美国、加拿大、新加坡等国家对于双重股权结构的包容和认可，使得公司可以选择更多元的股权结构，从而激发了公司的组织活力。适用双重股权结构的公司涉及的行业中，占大比重的是互联网及其相关行业。由于这类行业的公司普遍具有轻资产重知识、多轮融资和发展迅速的特点，因此其适用双重股权结构，能够保障外部融资并且维持创始人团队控制公司，进而促进公司持续稳定发展。当然在其他行业也有适用双重股权结构的，在媒体、娱乐、体育行业，公司采用双重股权结构，目的通常不是股东长期利益最大化，而是保证在媒体和舆论导向上的话语权。娱乐公司保持自身经营特色或者体育运营商实现自身喜好，这种特殊价值实现也为其所在行业的公司发展提供帮助。另外，双重股权结构预防了恶意收购，保障公司经营的稳定，同时促进了双重股权结构公司长期持续稳定发展。有学者研究证明，双重股权结构切实保障了公司长期持续稳定发展。Bohmer 在 1995 年研究美国纳斯达克证券交易所上市公司样本中发现，美国双重股权结构公司在存续时间和公司规模上比同期的一股一权制公司要更有优势。

4. 激励创业创新

国家鼓励大众创业、万众创新，并将大众创业、万众创新视作中国新常态下经济发展的“双引擎”之一。众所周知，创业是促进经济发展、增加就业岗位、实现自我价值的重要方式，而创新是在创业的基础上，推出对公司的发展和进步有着关键作用的新产品和新服务。双重股权结构有助于创业者的创业和创新。一方面，若想创业成功，创业者需要充足的资金、精准的商业敏锐力和优秀的团队组织能力。中小企业在发展初期，财务资本与知识资本会制约其发展，而资金和控制权是其发展的两大难题。在中小企业发展壮大的过程中，是扩大融资还是维持控制权成为中小企业创业者的两难选择。一旦创业过程中出现问题，创业者就要面临承担创业失败的巨大风险。因此，当创业者成立公司并且创业有所起色的时候，更需要使用双重股权结构来巩固自己的创业成果，让创业者更好地掌握公司控制权，规避公司治理风险。另一方面，创新是公司发展的核心竞争力，最优股权结构可以激励公司创新效应，从而使得创新行为为公司创造更大价值，实现公司永续发展的目标[①]。双重股权结构作为一种最优股权结构，可以有效提高公司治理效率，促使创业者不断创新，促进公司的发展与进步。

（二）负面价值

1. 代理成本增加，利用控制权掏空公司，侵害其他股东权益

传统的委托—代理理论认为双重股权结构会增加代理成本。双重股权结构设置高表决权的特别表决权股，并将其赋予经营者（常常是创始人团队），使得经营者通过高表决权获得公司的控制权。因为不是所有的经营者都会恪守契约为股东和公司的利益服务，有的经营者会成为自利经济人，滥用手中的控制权，以自己利益最大化为目的来操控公司，侵害其他股东的利益，甚至有可能利用手中的控制权掏空公司。美国报业集团霍林格国际公司是一个双重股权结构的新闻媒体公司，前 CEO 康拉德·布莱克曾经拥有公司所有特别表决权股，但是布莱克以独裁的方式管理公司，侵害其他股东的权益，最终因非法转移公司资产等罪行被捕入狱。

2. 控制权市场失效

双重股权结构的另一个弊端就是控制权市场失效。控制权市场失效分为公司外部控制权市场失效和公司内部控制权市场失效。公司外部控制权市场失效，主要表现在外部控制权市场不能引起市场并购行为和公司外部控制权市场不能改善公司的业绩两方面。公司内部控制权市场失效，则表现在内部控制和大股东监督异化两方面。对于双重股权结构而言，虽然它具有预防恶意收购的优势，但是从另一个角度而言，会导致一部分合理并购的行为也同时被“预防”。如果双重股权结构的经营者通过高表决权控制公司，但无法

① 张玉娟，汤湘希．股权结构、高管激励与企业创新——基于不同产权性质A股上市公司的数据[J]．山西财经大学学报，2018，40（9）：76-93.

更好地治理公司时，将无法通过企业并购的途径让公司获得新的机遇。并且由于高表决权的存在，经营者的内部控制和大股东监督异化，即公司的各种权力都掌握在经营者手中，股东难以进行监督，大股东也无法通过股权制衡来制约经营者。在公司的经营者有良好的管理能力的时候并无大碍，但这都取决于经营者自身的努力或者能力。一旦经营者不能胜任，其他的经营者由于原先经营者控制权存在而无法继任，公司的治理会进入一个死胡同。张慕濒女士认为，公司控制权市场的功能可以对业绩差的公司能否利用接管威胁促使其改善管理和被接管后的公司业绩能否得到改善这两点进行评价①。基于以上原因，双重股权结构会导致控制权市场失效的情形出现。

三、双重股权结构的理论基础

（一）委托代理理论

在公司出现的早期，公司创始人既是经营者又是所有者，公司的所有权和经营权没有分离。

1932年，美国经济学家贝利和米恩斯认为企业所有者兼任经营者的做法存在着极大的弊端，提出“两权分离理论”，倡导所有权和经营权分离，企业所有者保留剩余索取权，而将经营权让渡，进而衍生出委托代理理论。传统的委托代理理论是詹森和梅克林于1976年在其发表的《企业理论：管理行为、代理成本与所有权结构》一文中提出的，文章首次提出了传统委托代理理论的研究思路。

委托代理理论关键就在于代理成本的控制是否可以达到最优。在委托—代理关系模型中，委托人和代理人之间形成一种契约关系，委托人在公司就是股东，代理人就是公司的管理团队。委托人由于能力和精力等原因，与代理人签订契约，把公司交予代理人进行管理。在理想情况下，代理人可以在契约的约定下完成所有委托人预期的成果，以达到帕累托最优。但是实际上，代理人不能实现委托人的所有要求和预期成果，甚至产生利益冲突和损害委托人权益的情况，进而产生各种损耗成本，代理成本由此产生。为减少委托代理理论中代理成本的产生，在《公司法》中规定有事前制度规制和事后救济两个途径。事前制度规制设置股东大会、董事会、监事会三方公司架

① 张慕濒．我国公司控制权市场的治理效力与发展的若干建议[J]．学海，2007（6）：162-165.

构来对经营者进行监督和制衡，以减少代理成本。事后救济利用股东代表诉讼的方式来解决股东和经营者之间存在的利益冲突问题。

传统的委托代理理论认为，突破一股一权制度的双重股权结构并没有减少代理成本，因为股东和经营者都是以实现自身最大利益为目标的自利经济人，双重股权结构赋予经营者高表决权，进而得到公司控制权，把代理风险都转嫁给委托人股东，经营者可能为了自身利益侵犯股东的权利，故而增加代理成本。随着理论的进一步发展，有的学者认为委托—代理关系中存在两种效应，分别为堑壕防御效应和利益趋同效应。堑壕防御效应，是指较大权力的经营者更有可能利用公司为自身窃取利益，增加公司的代理成本；利益趋同效应认为，经营者持股有助于改善公司治理情况，降低代理成本。因此，委托代理理论的堑壕防御效应反对双重股权结构，而利益趋同效应则支持双重股权结构。

在具体公司中，适用双重股权结构的经营者往往是创始人团队，他们对公司的发展有着独特的价值和管理方式，往往与股东之间存在利益趋同效应，而不是堑壕防御效应。并且如今公司经营中代理成本因经营内容和行业的不同各有不同，适用双重股权结构的公司有相当比重是互联网及其相关行业的公司。以创始人团队为代表的经营者在公司经营中有着他人不可比拟的优势与不可替代性，因此与股东之间存在的利益趋同效应更加显著。

（二）控制权理论

1932年，美国经济学家贝利和米恩斯指出，随着现代股份公司股权分散，公司所有权和控制权相分离的情况出现，公司的控制权事实上落到公司经营者手中，引发了控制权争论，此后公司控制权问题开始引起学界的关注。控制权理论的对象就是公司经济利益的控制权。股东和经营者都希望获得自身利益的最大化，谁获得公司的控制权谁就获得了控制权所带来的增益，因此股东和经营者必然会对公司控制权进行争夺。

控制权理论主要有三个方面：名义控制权、剩余控制权、个人权威和影响力。名义控制权是理论上公司的控制权属，名义上拥有控制权的一方不一定实际上拥有控制权。剩余控制权是不完全契约所导致的，不完全契约理论是控制权理论的基础。正是因为在现实中，完全的契约只是一种理想状态，契约肯定是不完全的，故有的学者将不完全契约的权利称为剩余控制权。个人权威和影响力是指控制权是一种可以令人获得权威和影响力的权力，因为控制公司的权力本身就是一种社会稀缺资源，必然会提升个人权威和影响力。但是如果发生控制权纠纷，诉诸法院对纠纷进行裁决时，法院很难作出裁决。因为双方当事人都难以沟通，那么第三方法院对公司的经营状况和持股情况就更加难以作出判断，使得证实和裁决变得非常困难，甚至变成不可能。实际上法院的司法裁判对公司控制权的判断是否有效仍待实践检验，这也是控制权理论的模型弊端之一。

控制权理论对双重股权结构模式，既有支持也有反对。一方面，如果控制权理论倾向于名义控制权和剩余控制权，控制权理论本身希望股东和经营者都可以在契约的约定之下权责一致，相互制约，而双重股权结构使得作为经营者的创始人团队完全控制公司，因此，从这个角度出发的控制权理论对双重股权结构持反对态度。另一方面，如果控制权理论倾向于个人权威和影响力的角度，控制权理论则是强调特定人对公司的控制，以期提高个人的权威和影响力，不反对股东和经营者的控制权失衡，因此是支持双重股权结构的。

（三）管家理论

管家理论认为，委托代理理论对经营者自利经济人的假定是不妥的，而且经营者对自身尊严、信仰以及内在工作满足的追求，会使他们努力工作，扮演好管家角色。因此，管家理论认为，在经营者自律基础上，经营者与股东以及其他利益相关者之间的利益是一致的。

理论中的管家行为影响因素有受托人内在动机、高水平的组织认同、个人权力。首先，受托人内在动机是个人效用和社会企业家动机的来源。因为内在动机，受托人可以在工作中得到认同和满足，进而自愿成为组织的管家，付出辛劳，维护公司的利益，认可公司利益和其成员的利益高于自身利益。其次，高水平的组织认同会增强组织成员之间的凝聚力和认同度，使其成为管家。最后，个人权力可以帮助经营者赢得信任和尊重，让经营者如同管家一样，更加努力地工作。当然从法律的角度来看，管家行为的影响因素类似道德和舆论在社会中的软约束，不属于法律的硬约束。可见管家理论的实效大多还是取决于处于管家角色的经营者个人素质，因此有很大的法律风险。

双重股权结构与管家理论在对经营者的认同上都持肯定的态度，他们均认同扮演管家角色的经营者通过付出稀缺的知识资本，发挥管理才能，以个人的权力主导公司的发展。经营者通过为企业创造价值来实现自我价值，这同样也是双重股权结构将高表决权的特别表决权股赋予经营者的主要原因。

正因如此，管家理论支持双重股权结构。当影响管家行为的受托人内在动机、高水平的组织认同和个人权力都契合时，双重股权结构的制度优势可以更好地发挥出来，对公司长期发展和公司价值提升有着重要作用。当然，有观点认为，管家理论只适用于企业发展初期和经营者任职初期。因为到了企业的中后期，经营者可能因为缺少有效的监督和追寻更高水平的组织认同，转而出现追求自身利益而漠视甚至损害公司利益的行为。

（四）企业生命周期理论

Haire（1959）提出企业生命周期理论，他认为企业的发展和生物成长一样具有生命周期，公司也会经历类似幼儿期、成长成熟期、衰退期的生命周期历程。企业的生命周期曲线由管理水平决定。Adizes（1989）对该理论进行系统阐述，将企业生命周期划分为十个时期及两个阶段，如图 6-1 所示。企业生命周期理论认为，公司处于不同时期时，应该用不同的股权结构制度来激发公司的管理水平，延长公司的生命周期。

双重股权结构作为一种股权结构，可以为公司在创业阶段和成长成熟阶段的发展做出贡献。在创业阶段和成长成熟阶段，尤其是上市融资时，选择双重股权结构可以更好地避免分散股权所带来的控制权争夺，保证创始人团队管理层的稳定，并且可以很好地预防外部恶意收购，更好地专注于公司长期发展。可见企业生命周期理论是肯定双重股权结构的。

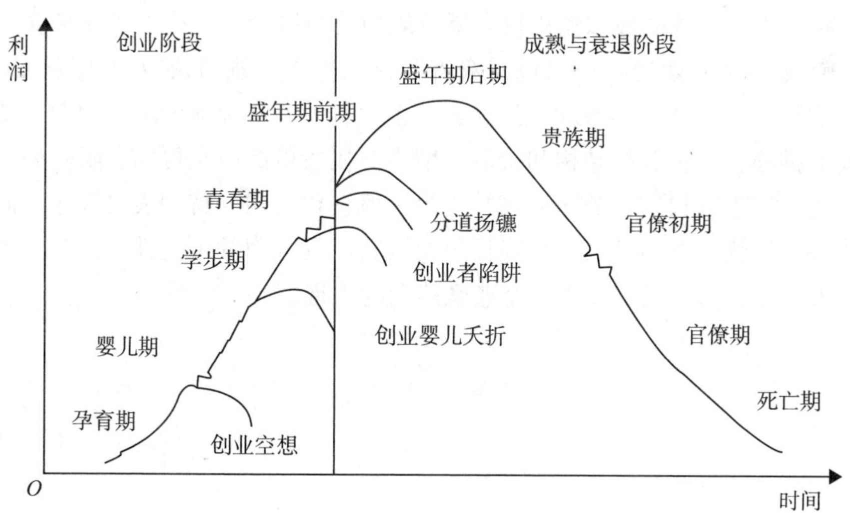

图 6-1　企业生命周期的十个时期及两个阶段

（五）对各种理论的评析

在公司法和证券法领域，对公平和正义目标的追寻，很大程度上完全等同于对效率即股东财富最大化的追求。因此，在公司法和证券法等商法领域，法律分析是以效率为基础进行的，双重股权结构的理论基础也不例外。

委托代理理论可以阐释上市公司公众投资者的“理性冷漠”和“搭便车”的现象，解释他们缺少行使表决权动力的原因。而双重股权结构将公众不愿行使的表决权通过制度设计，集中于持有特别表决权股的创始人团队手中，在不损害投资者权益的情况下，提高了公司运营和决策效率，降低代理成本。

控制权理论在解决公司经营者和股东之间的冲突和矛盾上很有帮助。尤其是双重股权结构的特别表决权赋予以创始人团队为主的经营者，他们在日常的公司经营管理过程中必然会出现和股东的矛盾。另外，控制权理论有助于研究公司之间的收购和反收购行为，双重股权结构预防恶意收购的优势也是上市公司适用这种制度的重要原因之一。该股权结构可以防止外部资本恶意控制，避免公司上市后的外部风险，从长远来看是可以保障公司发展的。

管家理论可以启示双重股权结构中持有特别表决权股份的股东的勤勉义务。一方面，持股股东要满足管家理论的三个因素：受托人内在动机、高水平的组织认同、个人权力；另一方面，结合理论和实践，法律对股东勤勉义务进行完善，以预防股东滥用权力所造成的公司风险，保护投资者权益。

企业生命周期理论可以说明双重股权结构中特别表决权向普通表决权转化的规定，即“日落条款”的意义。企业有上升和衰落的生命周期，随着时间的推移，双重股权结构和持有特别表决权股份的股东可能会阻碍公司发展，这时双重股权结构公司应当转化为一股一权公司，特别表决权应当向普通表决权转化，进而减少出现降低公司运营决策效率的可能性，改变僵硬的股权架构设置，延缓甚至阻止企业衰落期的出现。

第二节　双重股权结构的合理性及在我国的适用性探讨

一、双重股权结构的合理性分析

（一）一股一权原则并非不可挑战

一股一权原则即每一股份一表决权。一股一权背后有强大的合理性基础，主要体现在以下两方面。

其一，股东平等理论。股份公司具有强烈的“资合性”特征，股东出资是股东权利的来源，资本的无差别性要求股东权利的无差别性，也即要求每个股东均按其所持股份数额享受平等待遇。此外，股份公司里股东按认购的股份数额承担有限责任，股东承担的风险与其持股比例呈正向线性相关，相应地也就要求股东的表决权重与其持股比例呈线性相关，否则将导致股东间的不平等。概括地说，股份公司中的股东平等集中体现为股份上的平等，也即一股一权，公司的所有资本均划分为等额的股份，所有股份均按每一股份一表决权行使，股东的表决权重与其持股比例相同。一股一权符合资合公司出资、决策、风险之间的线性相关关系，是股份公司股东民主的重要内容，是股份公司股东平等原则在表决权领域的集中体现。

其二，节约代理成本理论。契约理论认为，公司是股东通过协商达成的一系列契约的集合；而不完全契约理论认为，拟定完全契约是不可能的。由此产生了契约事先未能约定时的那份控制权的权力（即企业剩余控制权）归属于谁的问题。一般而言，将企业剩余控制权配置给投资决策相对重要的一方，即股东是有效率的。理由在于股东作为企业剩余利益的享有者，有最大动力去实现公司利益的最大化。而剩余控制权主要依靠表决权来实现，进而剩余利益相等的份额必须带有相同的表决权重，否则将产生不必要的代理成本[①]。一股一权原则保证了企业剩余控制权与剩余索取权相匹配，节约了代理成本，使企业效率最大化。

一股一权意味着每一股份之上不能存在多个表决权，也意味着不能对每一股份之上的表决权进行分割或限制性安排。双重股权结构构成了对一股一

① 伊斯特布鲁克，费希尔．公司法的经济结构[M].北京：北京大学出版社，2005：82.

权原则最为直接的背离。如上所述，一股一权原则有其强大的合理性基础，那双重股权结构何以能挑战传统的一股一权原则呢？理由主要有以下几点：

首先，从历史角度来看，一股一权并非各个阶段的基本原则。19 世纪之前，有公司章程规定股东出资只有达到一定数额才享有表决权。比如，美国特许制下的股份公司，政府的特许状也未赋予每个股东平等的投票权利；而到了 19 世纪末，成文公司法默认采用一股一投票权，此时一股一权被公众所接受，如公理般不证自明，随后经济学家才发展出有关一股一权节约代理成本的理性解读；如今，一股一权被世界上大多数国家接受，但也并非被强制推行，许多国家仍允许一股一权外的其他表决权结构存在，如德国的无表决权优先股、美国的超级表决权股等。由此可见，一股一权原则不具有唯一性，并非完全不可撼动的准则。

其次，随着公司法理论的发展，股东平等原则也有了新的内涵，一股一权的正当性开始受到质疑。有的学者认为，股东"同质化"假定决定了其上的股份公司内部权力配置以资本为唯一标准，形成了权力分配中的股份平等原则，但股东"异质化"已成为一种现实，股东的利益、目的、能力均显现出一定的差异性。传统的一股一权原则是建立在抽象资本层面和股东"同质化"假定的基础上的形式平等，是一种股份平等，而非真正意义上的实质平等抑或股东平等。从现行趋势来看，股东平等并不应该只是一种形式平等，而是应当充分考虑并尊重股东个体之间的差异性，通过差异性的股份权利配置来实现实质平等。俞广君认为，类别股的存在正是股东平等由形式到实质的深化[①]。

最后，从经济学层面看，现有研究没有绝对证据证明，一股一权与公司的绩效之间存在某种必然联系。2006 年和 2007 年，欧洲公司治理研究所、机构股东服务公司、谢尔曼与斯德琳有限合伙、昆士兰大学等机构接受欧盟委员会委托，组织专家对一股一权原则从理论和实证两方面进行了综合研究，但最终依旧无法对公司价值与股权结构的关系给出令人信服的结论。由此可见，若从公司利益及股东利益最大化出发，一股一权并非绝对的标准答案。偏离一股一权的双重股权结构不一定较之一股一权对公司绩效有更恶劣的影响。

① 俞广君 . 事实上的类别股与"同股同权"的理解偏差 [J]. 金融法苑，2015（2）：50.

（二）合乎契约自由理论

契约自由是近代民法的一项基本原则，也是私法自治的核心内容。公司法属于私法的范畴，允许公司自治。公司契约理论认为，公司本身就是股东与股东之间达成的一种契约，股东可以自行就股东权利行使、股份权利内容、公司治理模式选择、公司权力配置等事项进行自由安排。双重股权结构其实是公司自由选择的结果，也是股东自由选择的结果。公司在法律授权的情况下，通过公司章程就股份具有不同投票权能的股权结构进行约定，其背后是全体股东进行决议的结果，体现了公司自治。此外，在信息充分披露的情况下，公司向社会公众投资者发行低级表决权股，社会公众投资者主动进行认购的行为表明其同意将自己的投票权限缩小，并接受创始人拥有更多投票权的差异化股权结构设定，体现了股东自治。若公众投资者不同意或不接受的话，其完全可以选择不进行认购或者认购后选择“用脚投票”。股东就决策权行使作出不平等的约定，是小股东处分自己权利的体现。换句话说，双重股权结构并没有违背公司自治或抹去股东的意思自治空间，相反，其通过发行不同表决权股为股东提供了更多的投资选择。双重股权结构是符合契约自由原则的。

（三）合乎股东异质化演进趋势

传统的一股一权原则植根于股东“同质化”的假定，即股东在公司治理层面表现出相同的（至少是类似的）偏好，包括股东的利益同质、目的同质、能力同质。利益同质指的是所有股东之间、股东与公司之间不存在利益冲突；目的同质指的是所有股东都追求自身利益最大化，并且自身利益与公司利益一致；能力同质指的是所有股东都是理性经济人，具有同等的公司治理能力，表现为股东的理解能力、判断能力等相同或类似[①]。然而，实践中股东“同质化”的假定并不完全成立，股东“异质化”的现实正在逐步走进人们的视野，具体表现为以下几点：首先，股东利益经常存在分歧，实践中大股东侵害小股东利益、控股股东侵害公司利益的现象时有发生；其次，股东的目的也不一致，不同股东的利益最大化具有不同的内涵，如投机性股东着眼于公司股价短期上涨，投资性股东着眼于公司股份分红，而经营性股东着眼于公司长远发展带来的长期利益；最后，股东的能力也存在差异，一般

① 冯果．股东异质化视角下的双层股权结构[J]．政法论坛，2016，34（4）：126-137.

而言，机构投资者较散户展现出更多的投资理性，而公司创始人股东较机构投资者、散户等具有更强的经营判断能力。由此可见，一股一权的等比例配置股权结构正在遭受质疑，股东“异质化”的趋势正在逐步显现并逐步加强。这要求公司法发展出更多样化的股权结构来满足不同类型、不同层次股东的投资需求。

双重股权结构本质是股份具有不同投票权能的股权结构，正好契合了异质化股东的不同投资需求。一般而言，公司创始人股东或大股东有更强的控制权偏好，而小股东更关注股份的经济利益（股票价格、股份分红等）。向创始人股东发行表决权数倍于普通股的超级表决权股，减轻了创始人控制权集中的资金压力，满足了创始人控制权维持的需求。而向小股东发行低级表决权股，也使小股东的经济利益偏好得到满足，表现在两个方面：一是小股东能够以较低的价格购买到低级表决权股票，节约了出资成本；二是公司一般有分红上的优惠用以吸引小股东购买低级表决权股票，这提升了小股东分红收益。此外，在双重股权结构下，公司的创始人股东持有超级表决权股，小股东持有低级表决权股，意味着公司的控制权被更看重这一权力的、能更积极参与公司治理的股东享有，这能很好地解决股东集体行动困难，小股东理性冷漠、“搭便车”等问题，从而提升公司的决策效率。

（四）合乎新兴企业的“天才理论”

新兴企业的“天才理论”的主要观点：有些时候，少数人的决策比多数人的决策质量更高，正所谓“真理掌握在少数人手中”，当公司的创始人为天才时，让其享有超级表决权，更有利于公司的发展，从而有利于公司及股东利益最大化。有关创始人对企业的独特作用，最深刻的阐述来自著名经济学家熊彼特提出的企业家理论。该理论认为企业家的任务是“创造性的破坏”，企业家是生产要素重新组合的实现者，如果没有企业家，经济职能将处于“循环流转”的均衡状态。对于创新性公司而言，企业最重要的不仅是资本，更是创始人伟大的梦想、独特的远见和创意。乔布斯之于苹果、扎克伯格之于Facebook、马云之于阿里巴巴的重要性不言而喻。创始人有情怀、有梦想、有能力，比任何人都更在意公司的长远发展，愿意投入更多的精力，也更具备人力资本优势，唯一的困局在于如何在谋求企业发展所需资金的过程中避免股权稀释，继续保有公司的控制权。而对于普通公众投资者而言，相比对公司的经营管理，其更关注的是投资收益的最大化，其愿意购买这些创新型公司的低级表决权股票的原因不仅在于其看好公司的长远发展，也在于其对创始人团队经营管理能力的一种人身信任。因此，双重股权结构对于创始人是真正天才的新兴企业而言能起到正面的、积极的作用。

二、双重股权结构在我国的适用性探讨

（一）我国公司股权结构的立法现状分析

1.《公司法》

对于有限责任公司而言，我国《公司法》对其股权结构规定得较为宽松。我国《公司法》第四十二条规定，股东按照出资比例行使表决权，公司章程可以作出不同的规定。故股东的表决权可以与其出资不成比例，一股一权原则并非强制适用条款。理由在于有限责任公司属于封闭公司，具有较强的“人合性”，我国《公司法》对有限责任公司股东自治予以充分尊重。

而针对股份有限公司而言，我国《公司法》对其股权结构的规定则略为强硬。我国《公司法》第一百二十六条规定了股份发行应该同股同权同价，确立了“同股同权”原则。此外，我国《公司法》第一百零三条第一款规定了股东所持每一股份具有一表决权，确立了一股一权原则。可见，我国《公司法》对双重股权结构不予认可。但《公司法》第一百三十一条规定了国务院可以通过行政法规创设其他类型股份的剩余立法权，国务院可以对其他种类的股份另行规定。双重股权结构存在着较通畅的制度推行空间。

2.《优先股试点管理办法》

2013 年 11 月 30 日，国务院发文要开展优先股试点（国发〔2013〕46 号）。2014 年 3 月 21 日，中国证监会出台《优先股试点管理办法》（中国证券监督管理委员会第 97 号令），规定公司可以发行一般普通股之外的，股份持有人在分配公司利润和剩余财产时优先于普通股持有人的，但参与公司经营管理权限受到一定限制的优先股。《优先股试点管理办法》的出台表明我国正在进行不同类别股份的制度探索，对一股一权原则的坚持已经有所松动。这为同样偏离一股一权原则的双重股权结构的出台提供了可能性。

3. 特定领域“特殊管理股”制度探索

自 2013 年党的十八届三中全会召开以来，我国一直强调要在重要国有传媒企业实行“特殊管理股”制度。此外，2017 年 12 月 4 日，国务院办公

厅发布的《国务院办公厅关于推动国防科技工业军民融合深度发展的意见》（国办发〔2017〕91号）提出，对于国防科技军工企业要进行特殊管理股制度探索。国有传媒企业、国防科技军工企业关系着国家的文化安全、国防安全，具有重要的战略意义。国有企业混合所有制改革中，如何引入社会资本激发国有企业活力，以及怎样维持国家对特定领域国企的必要控制一直是个两难的问题。"特殊管理股"制度探索正是对这一问题的尝试回应。目前，国际通行的"特殊管理股"制度一般有两种模式，一种是英国式的金股制度，另一种是美国式的双重股权结构。但究竟采用何种模式理论界正在激烈辩驳，实践界也迟迟未有具体的操作方案出台。但无疑，双重股权结构存在着被实施的可能性。

2017年1月20日，国务院办公厅发布的一份意见（国办发〔2017〕4号）指出，要放宽新兴经济领域政策限制，在部分新兴经济领域要探索实施特殊管理股制度。当今全球正在进行第四次科技革命，技术创新供给不足、制度创新供给不够正在制约着我国经济的发展。我国已经意识到营造有利于创业创新制度环境的重要性，正在尝试做些政策上的松绑，以及有意向探索新的股权制度，以适应部分新兴经济领域的发展需求。

（二）双重股权结构在我国的制度需求分析

1. 满足我国新兴行业发展的客观需求

当今时代是以互联网和科技为主导、以创新为驱动的时代，新兴行业迅速崛起，以"互联网+"为核心的创新科技类公司正在成为我国新的经济增长点，促进着我国经济的转型。创新科技类公司的核心力量不仅在于资产，更在于公司的技术、人力以及公司独特的商业模式。这类公司在发展壮大的过程中，由于缺少可用于银行抵押的资产实体，创始人一般只能采用股权融资的方式获取资金。股权融资意味着外来资本的进入，而这必然带来创始人股权稀释、控制权旁落的困境，而创新科技类公司中创始人团队发挥着重要作用，一旦创始人团队被驱逐，公司就有可能走向溃败的边缘。而相对应的是，目前我国风险投资（VC）、私募股权投资（PE）力量逐步壮大，这类投资者的商业模式一般是在众多的创业企业中分散化投资，旨在促进创业企业发展壮大，从而获取高资本收益。相比控制权，这类企业往往对财产收益权更感兴趣。可以说，创新科技类公司与风险投资（VC）、私募股权投资（PE）等存在某种程度上的互补需求，但我国暂时并不存在相应的制度供给。

2. 契合国有企业“特殊管理股”制度探索

党的十八届三中全会《中共中央关于全面深化改革若干重大问题的决定》提出要“积极发展混合所有制经济”后，国有企业混合所有制改革一直在稳步进行。改革中的突出矛盾就是如何平衡国有资本与民间资本在公益性与营利性双重目标之间的冲突。在某些关系国计民生、文化安全、国防安全的特定领域，国有资本必须拥有在关键时刻、关键问题上对企业绝对的控制权，以确保公益性目标的实现，而民间资本的不断引入则有可能使企业偏向对营利性目标的追求，这无疑是十分危险的。为解决这个难题，目前我国国有传媒企业、国防科技军工企业正在进行“特殊管理股”制度的探索。

有关“特殊管理股”制度的设计，国际通行的有金股制度和双重股权结构。双重股权结构更为合适、可行。金股制度指的是政府拥有象征性的“一股”，这一股没有资本出资也不享有任何经济利益。可见金股制度适合国有资本全部进行私有化的企业，但在我国，国企仍承担着公共财政职能，中国社会现实不允许也做不到通过一次性改革将国有资本全部撤出[①]。此外，金股制度下政府只享有被动的“消极否决权”，不利于国企中的国有资本在落实社会政策、引导国民经济等方面主动出击，进行干预。相反，双重股权结构则与特定领域国企的需求存在一定的契合。对关系国计民生、文化安全、国防安全的特定领域国企，由国有资本持有超级表决权股，保证国有资本对国企的绝对控制，确保将公益性目标摆在首位；而向民间资本大量发行普通股，民间资本的进入也使得企业焕发出新的活力，有利于构建规范化的现代企业体制。此外，两种类别股票享有同等的财产收益权，保证了国有资本与民间资本在经济利益上的平等性，能调动民间资本参与公司治理的积极性，同时不减损国企的公共财政职能。

3. 增强我国资本市场综合竞争力的需要

在经济全球化的大背景下，各国（地区）资本市场也在上演着愈发激烈的竞争。各国（地区）证券交易所不仅要争夺境内上市资源，还想要招揽境外上市资源。许多国家或地区都在进行公司法律制度变革，以及上市规则修改，为本国（地区）公司发展创造更为有利的制度环境、便利融资，同时增

① 冯果，杨梦．国企二次改革与双层股权结构的运用[J]．法律科学（西北政法大学学报），2014，32（6）：150-157.

强本国（地区）交易所的吸引力。20 世纪 80 年代纽约证券交易所也是在本国交易所底线竞争的形势下放松了对双重股权结构的限制。英国足球俱乐部曼彻斯特联队采用双重股权结构赴新加坡证券交易所上市被拒转投纽约证券交易所上市事件，也间接促进了新加坡公司法取消对一股一票的规定，允许不同表决权股票的发行。阿里巴巴集团采用“合伙人制度”赴港上市被拒后转投纽约证券交易所上市事件，也使得香港开展不同投票权架构的讨论，并逐渐转向接纳双重股权结构。上述事例无不说明各国（地区）对交易所竞争力、国际金融中心地位的重视，各国（地区）都在积极寻求有利于提升本国（地区）资本市场竞争力的发展策略。一般来说，一国证券交易所的综合实力与其上市公司总市值、上市公司总数量等因素相关。我国幅员辽阔、市场广阔，以“互联网 +”为主导的创新科技类公司数量众多、发展迅速。我国对双重股权结构的禁止，不仅使我国证券交易所损失了很多优质的境内上市资源，也使得我国证券交易所对境外上市资源的吸引力不足。目前，我国证监会明确提出要加快建设富有国际竞争力的资本市场强国的要求。若我国立法放开对双重股权结构的限制，将十分有利于留住本国优质企业，同时吸引境外优质企业来我国上市，这对于提升我国资本市场综合竞争力、提高我国国际金融中心地位具有重要意义。

（三）双重股权结构在我国的制度实施环境分析

一国在决定是否接纳双重股权结构制度时，必然会考虑是否具备相应的制度实施环境。美国允许采用双重股权结构的公司上市，与其以机构投资者为主的市场结构、严格的信息披露制度、发达的集体诉讼制度等密切相关。上文虽探讨了我国具有较强烈的引进双重股权结构的现实需求，但这一舶来品能否在我国生根发芽还取决于我国是否具备相应的生存土壤。在不具备的条件下，我国还需要做出哪方面的努力来为双重股权结构的施行创造后备条件？下面从我国证券市场投资环境、公司内部监督机制、证券外部行政监管、投资者诉讼制度等方面予以分析。

1. 证券市场投资环境是否成熟

根据申万宏源研究所 2017 年推出的《中国证券投资者结构全景分析报告 2016》分析，我国证券投资者结构呈现出三大变化：一是个人投资者持股比重略有下降但仍居历史高位。2016 年个人投资者持股比重为 40%，但存在高估的可能性，原因在于统计口径将个人大股东（如创始人股东）、个人专业投资者也计算在内。二是我国机构投资者呈多元化态势。随着私募基金、保险机构的快速发展，我国机构投资者结构已被公募、私募、保险“三分天下”，其中私募基金的影响力正在不断增强。三是股权分置改革对投资者结构的影响已基本消除。实施股改后，产业资本的持股比重从快速上升到稳定下降，并到基本持平。

此外，该报告还将境内投资者结构与境外（美国）投资者结构进行了对比，发现境内外市场仍存在以下三大差异：一是中国机构投资者持股市值占比与美国存在较大差距。美国境内专业机构投资者市值占比高达 40.00%，而同期中国仅有 16.26%。二是中国境外投资者持股市值占比也与美国存在较大差距。虽然我国一直致力于金融市场开放，但境外投资者持股市值占比仍偏低，仅有 0.86%，而同期美国高达 14.90%。三是中国个人投资者与美国个人及非营利性组织持股占比基本持平。

由上分析可知，我国个人投资者持股占比与美国类似，机构投资者持股占比与美国存在较大差距。但应看到的是，我国以公募、私募、保险为主要内容的专业机构投资者发展迅速；随着国有资本市场化管理的推进，政府持股、产业资本也将转化为专业机构投资。一般来说，专业机构投资者较一般的个人投资者（散户）有更强的经济理性以及认知判断能力。双重股权结构受美国认可，一部分原因就在于专业机构投资者占主导的市场主体结构，证券投资者专业程度较高，对双重股权结构的认知能力和风险承受能力更强。目前，我国证券投资者专业程度与美国相比存在一定差距，但我国证券投资者结构优化趋势明显，证券投资者成熟度稳步上升。双重股权结构未来在我国推行具备一定的证券市场投资环境。

2. 公司内部监督机制是否有效

独立董事制度起源于美国。这一制度在美国产生的原因在于美国“一元制”的公司治理模式，即公司由股东会、董事会、首席执行官（CEO）构成，公司不设独立的监事会。由于美国证券市场发达，公众公司股权结构分散，股东会决策权力经常下放给董事会，而中小股东对董事会的监督作用有限，因此极易造成董事、高层管理人员“内部人控制”现象。独立董事在此背景下应运而生。公司通过引入外部的与公司没有关联的非执行董事，来对公司内部的执行董事进行监督制约，以维护公司股东利益。美国独立董事制度功能的发挥主要通过董事会下设的审计、提名、报酬等委员会来实现，这些委员会成员一般由独立董事担任。经过多年的发展，如今美国独立董事具有高度的“独立性”以及“专业性”，在参与公司决策、监督执行董事以及高层管理人员方面发挥着重要的作用。美国完善的独立董事制度在一定程度上对双重股权结构公司管理层权力滥用起到了制约作用。

而我国公司实行“三会结构”模式，股东会（大会）下设董事会负责决策，监事会负责监督，形成了公司中的“三权分立，相互制衡”机制。然而实践中监事会对公司的监督作用有限。监事会由股东代表和职工代表组成，股东会里的大股东必定选派出代表己方利益的股东担任监事，而职工代表一般由工会主席或部门负责人兼任，由于其本身与公司董事、经理存有隶属关系，一般也很难保持独立性。此外，我国《公司法》对监事会的监督职权也仅限于“进行监督”“提出罢免的建议”“予以纠正”“提出提案”等软手段。监事会在实际运作中没有充分发挥监督公司董事、高层管理人员，维护股东（尤其是中小股东）利益的职能。

此外，我国上市公司还效仿美国特设独立董事制度，与监事会共同行使监督职责。独立董事在改善我国上市公司治理结构、提升公司专业化运作、强化董事会制约机制、保护公众投资者利益方面具有重要意义。然而，我国独立董事制度起步较晚，发展尚不成熟，独立董事“不独立”现象严重，独立董事的提名、选任经常由公司的大股东把控；独立董事多为“花瓶董事”，并且多为兼职，很少有心思及精力充分参与到对上市公司的监督中；独立董事的积极性不高，我国目前缺乏对独立董事的有效激励与约束机制。独立董事制度在我国本土化移植的过程中仍有待完善。

双重股权结构一定程度上会弱化公司的内部治理制衡机制，因此需要加强监事会、独立董事对以创始人股东及创始人团队为核心的管理层的监督作用，以减少对公司利益、公众投资者利益侵害的风险。目前，我国已建立起较完备的“监事会＋独立董事”的双重监督体制，双重股权结构公司具备一定的监督保障，但同时监事会制度、独立董事制度在实际运用中尚未完全发挥出应有的监督功效。双重股权结构若在我国推行，可以进一步完善公司内部监督机制。

3. 证券外部行政监管是否有力

我国资本市场实行中国证监会行政监管与证券交易所、证券业协会自律监管相结合的证券监管模式。其中，行政监管最为直接、有效，也是证券监管的重心所在。根据法博齐和莫迪利亚尼提出的划分方法，证券行政监管主要包含以下四方面的内容：信息披露监管、证券活动监管、对金融机构的监管、对外国参与者的监管。其中，信息披露监管又是证券行政监管的重中之重。

美国拥有世界上最大、最透明、最具有影响力的资本市场。美国证券市场的强大得益于其完善的信息披露制度。美国信息披露制度有以下特点：一是体系完备。19 世纪 30 年代美国《证券法》及《证券交易法》的出台标志着美国信息披露制度的建立，随后的几十年美国国会又出台了一系列的法律以加强证券监管。美国证监会（SEC）在联邦法律的框架下又制定了大量详尽的信息披露规则，而各交易所也根据法律和 SEC 披露规则制定了相应的市场规则。二是标准严格。美国信息披露包括上市前的初次披露、上市后对持续性信息的披露以及预测性信息的披露，披露范围十分广泛，关系社会公众投资者的各类事项都应予以公布。此外，美国针对信息披露不实规定了较为严苛的民事责任、行政责任，乃至刑事责任。三是重视财务信息的披露。21 世纪初，美国安然、世通等多个公司财务造假事件的爆发推动了《萨班斯法案》的出台。该法案要求重大调整事项、重大表外交易、对公司现在或者将来的财务状况有重大影响的与表外实体发生的关系都应当反映在公司的财务报告中，进一步提高了公司财务信息的透明度。美国严格的信息披露制度在预防证券欺诈、保护投资者利益中发挥着重要的作用，双重股权结构在美国受证券监管认可很大一部分原因也在于其有力的信息披露制度。

我国有关上市公司信息披露的制度规范也包含三个层次：一是国家法律层面的《证券法》；二是中国证监会制定的部门规章，包括《上市公司信息披露管理办法》《首次公开发行股票并上市管理办法》；三是证券交易所制定的股票上市规则。此外，我国上市公司信息披露也包括首次披露、持续性信息披露，以及预测性信息披露制度。同时，随着新会计审计准则的施行，我国上市公司财务信息披露质量逐步改善。2019 年我国进行了《证券法》的第二次修订，将原《证券法》“证券交易”一章中的“持续信息公开”一节扩充为专章规定，并予以修改完善；还进一步加大对证券违法行为的处罚力度，完善处罚规则，提高罚款数额。此外，我国进行了证券发行注册制改革，在降低公司上市门槛的同时必然会提高对信息披露的要求，加强对证券活动的监管。由此可见，我国一直致力于完善信息披露制度，加强证券行政监管。根据深圳证券交易所历年发布的深圳证券交易所上市公司信息披露考核结果，我国信息披露质量正在逐年改善，这为双重股权结构未来在我国推行提供了保障。

4. 投资者诉讼制度是否完善

美国拥有健全的证券集团诉讼制度，保障了公众投资者的利益。集团诉讼是指将具有同一事实或法律关系的不确定当事者拟制为一个群体，群体中的一人或数人提起诉讼视为代表整个群体提起诉讼，判决效力扩及群体中的每个个体。通常而言，证券违法行为具有受害投资者数量巨大、损害事实及理由相同、单个投资者损失轻微、集体损失数额庞大等特点。在美国，当存在证券违法行为时，受害投资者中的一人或数人就可代表整个受害群体提起集体诉讼。此外，美国允许集体诉讼律师实行胜诉酬金制，即在胜诉后提取一定比例的赔偿金额作为律师费，这降低了诉讼成本，提高了诉讼积极性。美国国家经济研究协会经济咨询公司（NERA Economic Consulting）发布的2013年度报告显示，2008—2013年，美国收到证券集体诉讼案件达1356件，平均每年超200件[①]。尽管证券集体诉讼制度受到争议，可能引发滥诉的危险，但不可否认，对于受害投资者而言，这是一项重要的手段，可以帮助其弥补损失，而不用等着或依靠政府采取行动。美国的集体诉讼对公司的控制股东起到了基本的警示和监督作用，并在实际损害发生时给投资者提供了事后救济途径。对于双重股权结构的公司，集体诉讼是对其受限投票权造成的股东监督缺失的必要补充，能较有力地维护低级表决权股东的利益。

我国证券欺诈责任纠纷领域明确排斥证券集体诉讼制度。尽管我国有代表人诉讼的规定，但其与集体诉讼存在着一定的区别。首先，代表人诉讼的原告仅限于进行了权利登记的受害人，而集体诉讼只要有任一受害者提起诉讼就视为整个受害者群体提起诉讼；其次，代表人诉讼的判决效力限于进行了权利登记的受害人和在判决后规定期间内提起诉讼的受害人，而集体诉讼的判决效力适用范围扩张至所有受害者；最后，代表人诉讼制度的功能在于纠纷解决和损害赔偿，而集体诉讼则更多地在于通过特别的诉讼程序实现抑制违法者的功能。迄今为止，我国没有通过代表人诉讼处理的证券欺诈责任纠纷，法院还是普遍采用受害投资者单独起诉、合并审理的形式。我国证券违法行为多发，但投资者诉讼维权数量有限，原因在于我国证券市场个人投资者（多为散户）居多，与公司力量悬殊，当其权益遭受侵害时，受举证困难、诉讼成本过高等因素影响，受害投资者往往放弃维权而选择自吞苦果。

2014年12月5日，中证中小投资者服务中心（简称“投服中心”）成

① 李响，陆文婷．美国集团诉讼制度与文化[M]．武汉：武汉大学出版社，2005：2.

立，这是国内首家证券金融类公益机构，专门从事中小投资者合法权益保护工作，主要业务有持股行权、纠纷调解、诉讼与支持诉讼、投资者教育等。2016 年 7 月 25 日，投服中心接受虚假陈述行为受害投资者委托，将匹凸匹金融信息服务（上海）股份有限公司及其实际控制人鲜言、其他 7 名负责人和高管作为共同被告向上海市一中院起诉，要求赔偿投资者损失。这拉开了我国证券支持诉讼的序幕。到 2017 年底，投服中心已经发起了 6 起证券支持诉讼。投服中心的设立，拓宽了投资者维权途径，丰富了投资者保护体系。而证券支持诉讼的发展将打破公众投资者与上市公司力量不对等的局面，提高公众投资者诉讼维权的积极性，完善我国的证券民事保护制度。

综上可知，美国有完备的集体诉讼制度用于威慑控制股东及其管理层，以及为受害投资者提供有效救济。我国证券欺诈领域排斥集体诉讼制度，代表人诉讼制度运用有限，受害投资者司法救济效果不佳，但新形势下投服中心的设立、证券支持起诉的发展对我国中小投资者合法权益的保护起到了促进作用。我国法律制度能为双重股权结构下中小投资者利益保护提供一定的事后救济保障。当然，证券支持起诉仍处于力量弱小的起步阶段，未来还有待继续加强。

三、双重股权结构制度构建的必要性和可行性分析

（一）必要性分析

1. 贯彻落实全面深化改革，提升我国资本市场的竞争力

公司上市，对公司控制团队或创始人团队来说喜忧参半。公司创始人团队通过上市公开发行股票，能有效解决公司融资难题，但伴随着融资规模的不断扩大，公司创始人团队的股权被稀释似乎不可逆转，严重的就如“万宝之争”中万科创始人王石被迫离职。公司上市融资与控制权保持这对矛盾，在一股一权结构下难以避免，但双重股权结构可以有效解决上市融资与控制权之间的矛盾，故受许多新型、高科技、生物等公司的青睐。以我国市场培育出的几家著名互联网、高科技公司为例，2014 年，阿里巴巴集团在与中国香港证券交易所沟通无果后，毅然选择在美国纽交所上市；同年，京东、新浪也在美国上市。我们现在经常用的百度，更是早在 2005 年就在美国纳斯达克证券交易所上市。据此可见，我国市场培育出的优质企业纷纷舍近求远，赴大洋彼岸的美国上市，让看得见的红利被外国股民收割，此乃我国资

本市场的悲哀。反观双重股权结构的由来，主要原因在于美国两大证券交易所（纳斯达克证券交易所与纽交所）的竞争。两大交易所为提升自己的竞争力，吸引更多的优质企业上市，不得不屈服于市场进行变革。香港在错过内地阿里巴巴、百度等众多优质企业后，改革刻不容缓。为此，在2018年4月24日，港交所宣布，将从4月30日起接受采用同股不同权架构的公司赴港首次公开募股（IPO）。而我国内地市场培育出的“小米”高科技公司拔得港交所双重股权结构改革的头筹。正如香港交易所的宣言：我们拟吸引更多高质量、高增长及创新产业公司来港上市。

此外，在2017年10月18日，习近平总书记在党的十九大报告中指出，坚持全面深化改革。根据《中共中央关于全面深化改革若干重大问题的决定》，全面深化改革涵盖了包括经济、政治、文化等15个领域，而经济改革正是全面深化改革的重点，应放权于市场，让市场更有效地发挥资源配置中起到的决定性作用。据此，我国内部资本市场已经流失了本地许多高质量、创新产业公司，全球资本市场一直在变化、发展，而我们不能闭关锁国，搞闭门造车策略，应及时踏上双重股权结构的“末班车”。一方面，及时响应党的十九大报告中指出的坚持全面深化改革方针；另一方面，与国际资本市场接轨，提升我国资本市场在全球竞争中的地位。

2. 健全我国多层级资本市场体系，逐步降低公司杠杆率

多层级资本市场体系是我国坚定不移的发展方向，中国的发展离不开改革开放，但目前以银行信用为基础，以居民存款为主体的金融体系存在弊端，而我国间接金融体系也已到必须改革的境地[①]。根据金融市场是否需要媒介，可以将我国资本市场划分为直接金融与间接金融。直接金融指货币资金不通过中介人，供应者与使用者直接融通资金的活动，具体包括直接进行买卖的有价证券、直接进行的货币借贷等；而间接金融指货币资金融通需要借助媒介（金融机构）的资金融通活动，具体有金融机构发行的证券等。2014年3月5日，李克强总理在2014年政府工作报告中再次提及加快发展多层次资本市场。2015年10月22日，李克强总理在会见美国前财政部长保尔森时，双方交流到资本市场，李克强总理指出我们积极培育公开透明、长期稳定健康发展的多层次资本市场。2016年3月16日，李克强总理在会见采访十二届全国人大四次会议的中外记者时表示，我国将坚定不移发

① 王国刚．多层次资本市场体系的构建[J]. 中国金融，2015（13）：16-19.

展多层次资本市场。发展多层次的资本市场是近年来我国政府工作的重点、改革开放的深水区。就我国股票市场而言，历经 20 多年的发展，在政府的主导和监督下，已初步形成以沪深交易所为主体，采用统一的 A 股规则，包括交易所内的主板、中小板、创业板等在内的股票市场体系（科创板也已注册实行）。我国股票市场的发展一直是在政府主导下进行的，为外部强制植入型。在此种模式下，政府证券部门完全把控股票的发行、上市、交易及退市，政府部门对股市各项制度享有决策、干预等权力，我国股票市场明显被扭曲和带有行政化色彩。至此，多层次股票市场体系虽已形成，但仅仅是形式上的。这种形式上的多层次股票市场与股票市场内在机制不相符合，与发挥市场在资源配置中的决定性作用的方针政策相矛盾。

我国公司双重股权结构制度的构建，正是为了响应政府号召，贯彻落实金融体制机制改革，健全我国多层次资本市场体系。双重股权结构在股票结构制度上采用 A、B 股，与我国目前采用的统一的 A 股制有鲜明的区别。此举有利于降低我国股票市场中政府主导的比重，将股票市场的决策权等权力交付于市场，从而实现我国股票市场由外部外植型向内生型转变，多层次股票市场体系由形式上向实质上跨越。此外，在我国供给侧结构性改革背景下，要求调整经济结构，提升经济发展的质量。企业是我国经济发展的细胞，我国企业的健康高质量的发展是我国经济腾飞的基础。至此，企业去杠杆化也是目前政府工作的重点和难点。近年来，我国企业的发展不管是在数量上还是在质量上，都取得了十足的进步，但企业负债率较高的情况同样普遍存在。企业负债率居高不下与其融资方式、管理运营机制分不开。在企业融资方式上，目前在加速“债转股”的转变以降低企业负债率，但这必然导致企业创始人团队股权的稀释，直接影响公司的管理治理，企业长远健康高质量的发展必然受到挑战。而双重股权结构制度的构建，完全可以实现企业上市融资控制权不被稀释，又能有利于企业的长远高质量发展，还能降低企业的负债率。

3. 完善公司管理制度，促进公司的长远发展

在传统的一股一权结构下，公司发展过程中一直受困于控制权与所有权的矛盾，若公司不能有效解决控制权与所有权这一对矛盾，必将影响公司的长远发展[①]。在公司上市融资公开发行股票时，公司创始人的股权被稀释

① 吴高臣．国家特殊管理股的法律性质[J]. 法学杂志，2018，39（1）：47-53.

无法避免。当发行股票达到一定体量时，创始人则很有可能丧失公司的控制权、管理权。比如“万科股权之争”，又称“万宝之争”，A股市场规模比较大的一场公司收购与反收购攻防战。宝能集团通过在市场上不断“买、买、买”，持有万科股权已经高达25.04%，距离控股股东地位仅一步之遥。持股期间，宝能集团便在股东会发难，做出要求罢免万科创始人王石等人的职务等一系列恶意收购行为，最终随着恒大转让14.07%万科股权于深圳地铁，才终破宝能集团恶意收购的僵局。

“万科股权之争”直接反映公司运营过程中面临的外部风险——敌意收购。敌意收购是一种恶意的市场行为，或来自竞争对手，或来自投资者，其以追求短期利益为目的，并且对公司伤害颇大，严重影响公司的长远发展，甚至导致公司走向衰败。因此，反敌意收购必将成为公司发展过程中的艰巨任务。但在双重股权结构上市公司中，公司控制权与所有权之间出现矛盾的概率严重降低，实现创始人在公司上市融资时股权被稀释的情况下公司控制权不会旁落，有效地抵御或避免被敌意收购。另外从我国一些远赴美国采用双重股权结构的上市公司来看，它们多为互联网公司、生物公司、高科技公司，正如香港证券交易所《新兴及创新产业公司上市制度》文件所言：“这些公司有时高度依赖其所有人兼管理人的专业技术、市场知识和远见。”而双重股权结构的B股（一般为公司创始人保有），虽表决权数倍于A股，但市场流通性受限。因此，双重股权结构能为创始人保持公司控制权提供合法途径，保持创始人团队对公司的有效、长期管理，继而完善公司的管理制度，提高决策效率，避免投资者的短视行为，实现公司的长远发展。

（二）可行性分析

美国是实施双重股权结构制度的先驱，也是该制度发展最完善的国家。纵观美国双重股权结构的发展历程，从一股一权原则的兴起、确立、放弃，到双重股权结构的诞生、适用、放弃、再适用，这是一个一波三折的艰辛历程。一股一权结构，无论是在股东民主的正义性上，还是在公司治理的效率上，其合法、合理性不管是在理论上还是实践中均已被认可[①]。但一股一权制度为何在美国没有一直贯彻执行，原因有四点：一是美国市场存在双重股权结构的刚性需求，如公司反敌意收购、创始人控制权保持等需求；二是立

① 张舫.美国“一股一权”制度的兴衰及其启示[J].现代法学，2012，34（2）：152-163.

法空间的存在，虽然 Rule19c-4 被废除，但其参考价值和实践意义重大；三是实践经验的总结，如美国纳斯达克证券交易所与纽交所之间竞争及相应上市规则的改变；四是美国知识界对双重股权结构的认知提升，如丹尼尔·R.费希尔教授阐述了一股一权的原因，并极力为双重股权结构进行辩护。而我国从 20 世纪 80 年代末改革开放始，到 2001 年加入世界贸易组织，再到不断深化改革的历程，是我国市场经济不断发展、市场在资源配置中由基础性作用向决定性作用转变的过程。结合美国双重股权结构的发展历程，双重股权结构在我国，不管是在市场需求还是立法空间上均已具备可行性的前提。国外双重股权结构的发展和完善，一方面留给我国学习借鉴的空间，另一方面使我们深化了对双重股权结构的理论认识。

1. 市场需求的存在

自第一家中国内地公司赴美采用双重股权结构上市开始，双重股权结构在我国内地便存在相应的市场需求，其中远到 2004 年艺龙网信息技术（北京）有限公司在美国纳斯达克证券交易所上市，近到“小米”在香港采用双重股权结构上市，大到阿里巴巴集团在美国纽交所上市。由此可见，我国内地公司存在着双重股权结构的上市需求。对于这种现实情况、市场需求，我国法律及相关制度不能视而不见。经济基础决定上层建筑。一方面，面对不断变化的市场环境，我国法律理应及时进行调整，若一味固守，会不可避免地掉入法律僵化的陷阱；另一方面，不能解决现实问题或回避市场需求的法律规定及相关制度，注定是缺乏可行性、无效率的。因此，我国公司双重股权结构制度的构建，存在相应的市场需求，其是我国公司双重股权结构制度构建须具备的可行性前提条件之一。

2. 立法空间的存在

首先，从法理上分析，双重股权结构与股东权利并不冲突。股东权利是股东基于其股东资格而对公司享有的权利，根据我国《公司法》，可以将股东权利分为三类：①参与管理权，即股东可依法参与管理与决策，具体包括表决权、选举权和被选举权、提案权等；②监督权，即股东依法可获取公司经营信息并有权监督，具体包括知情权、建议和质询权等；③资产收益权，即股东依法可分取公司的经营成果或有权处分自己的股权，具体包括剩余利润分配请求权、依法转让股权的权利等。而双重股权结构仅对股东权利中的表决权进行特殊设置，并不否认股东基于股东资格所享有的股东权利。因此，在法理上，双重股权结构与股东权利并不冲突。

其次，从法律上分析，我国《公司法》给双重股权结构预留了立法空间。根据《公司法》第一百二十六条规定，我国公司法以法律的形式确立了“一股一权”的基本原则。但《公司法》第一百三十一条也同时规定，国务院有权规定公司发行本法规定以外的其他种类的股份。故我国《公司法》为公司发行其他种类的股份预留了立法空间。2013 年 11 月 30 日，国务院发布并实施《国务院关于开展优先股试点的指导意见》。根据《公司法》的规定，优先股属于规定以外的其他种类的股份，其主要特征为优先股不具有表决权，但在公司利润和剩余财产分配上，优先股比普通股具有分配上的优先性。2014 年 3 月 21 日，中国证监会发布并实施《优先股试点管理办法》，进一步明确优先股上市发行的具体细则。据此可见，优先股较普通股最大的特点在于对表决权的限制，而我国的优先股与双重股权结构中的 B 类多数表决权股具有一定的相似性，均是对此股表决权进行特殊设计。此外，2019 年 3 月 1 日，中国证监会发布《科创板首次公开发行股票注册管理办法（试行）》和《科创板上市公司持续监管办法（试行）》。因此，不管是法理上，还是法律上，抑或是国家政策目标上，双重股权结构在我国均存在立法的空间，并且势在必行。

3. 实践经验的借鉴

我国公司双重股权结构在实践经验上的借鉴，可分为三个维度：①借鉴美国双重股权结构的实践经验；②学习中国香港不同投票权架构的改革经验；③吸收我国优先股改革试点经验。

首先，美国双重股权结构已有百年历史，其双重股权结构制度及相关配套措施比较完善，是全球实施双重股权结构的典型国家。从美国双重股权结构的发展历史看，双重股权结构设计目的大致有以下几点：①保障创始人对公司的控制与满足公司融资的需要；②减少内部股东对公司的投资，改善其投资方案，降低风险；③抵制敌意收购。虽然双重股权结构具有这些优势，但也存在一些问题，需要相关配套措施予以规制。比如代理成本问题、监管问题、公司民主问题等，在处理诸如此类双重股权结构带来的问题时，美国通过法律及相关配套制度予以规制的做法值得我国借鉴。比如，在多数表决权股持有人利用自己的权利去追求个人利益的最大化，损害公司利益及其他多数普通股股东的利益时，美国的独立董事制度、集体诉讼制度等相关制度可以很好地将双重股权结构的风险降到最低。

其次，在错失内地众多优质企业及面对新加坡的竞争时，中国香港联合交易所对香港上市制度进行了全面的检讨，就公司采用不同投票权结构上市，2017 年 6 月 16 日发布《有关建议设立创新板的框架咨询文件》向市场咨询意见。经过总结并对相关问题进行回应，2018 年 2 月，香港交易所发布了《新兴及创新产业公司上市制度》，此制度于 2018 年 4 月 30 日生效，允许目标公司采用不同投票权架构在香港上市。香港通过发布相关咨询文件听取市场声音，并及时进行回应。这种自我反省、改革机制及相关历程为我国公司双重股权结构制度的构建起到了很好的示范作用，这正如我国内地的科创板试行注册制，并允许“同股不同权”股上市。

最后，自 2013 年 11 月 30 日我国内地进行优先股试点开始，便突破了“一股一权”制度。优先股与普通股相比存在两大特点：优先受益权与无表决权。在表决权的特殊设计上，优先股与双重股权结构中多数表决权股有异曲同工之妙。此外，2019 年 3 月 1 日，随着中国证监会发布《科创板首次公开发行股票注册管理办法（试行）》和《科创板上市公司持续监管办法（试行）》，我国公司双重股权结构制度构建开始启航。

4. 理论认识的提升

理论界对公司法的经济结构认知深化。首先，公司章程，又称“公司宪法”，其与公司法不同的是公司章程是自治契约，并以公司治理为方向。长期以来，公众和学界对上市公司双重股权结构的讨论，似乎都是建立在这样一个假设之上——公司管理层若拥有公司“控制权”必然会滥用，并会利用这种控制权来损害投资者和消费者的利益。因此，学界部分人士对双重股权结构持有的是禁止态度。但由此产生了另一个问题：禁止采用双重股权结构上市是否对公司筹集资金的能力造成过多的限制？答案是肯定的。关于股权中表决权如何进行分配，公司主权人股东有权对此进行特殊化设计，只要公司股东在自愿、平等的基础上协商，换句话说，公司股权中表决权的设计应属于私法自治的范畴，股东作为公司主权人，可以在平等、自愿的基础上通过公司章程予以规定。在实践中，股票市场仍属于买方市场，若公司采用双重股权结构上市并发行普通投票权 A 股，其购买权在于消费者。若消费者认同该公司的管理模式，并愿意购买该公司普通表决权股，则股权买卖为双方自愿的行为，属于私法自治的范畴，政府不应过多干预。

其次，理论界逐渐认识到公司法的“赋权型”结构。公司有一套复杂的明示和默示的合同，公司法赋予参与者在大型经济体的诸多风险和机会的不同组合中，选择最优安排。不存在一套可以适用所有情事的最佳方案，因此塑造了公司法的“赋权型”的结构。以发起设立股份公司为例，其成立主要流程为签订发起人协议，签署公司章程，认缴并及时缴纳出资，确定公司机关及其组成人员，办理登记前的行政审批程序，前往公司登记机关申请办理设立登记，公司登记机关颁发企业法人营业执照。据此可见，公司为设立人（发起人或者股东）的合意，各设立人将合意通过发起人协议、公司章程、股东会议等形式固定，并经过国家相关机关的审批而设立。是否采用双重股权结构属于公司股东的权利范围内的自治事项，而政府扮演守夜人的角色。为提高管理效率、降低运营风险，公司股东有权通过合意的形式选择公司治理模式与机制。

第三节　双重股权结构法律问题分析

一、我国《公司法》关于双重股权结构的态度

虽然实践中我国不允许股份公司实施双重股权结构，但我国《公司法》并不禁止双重股权结构，双重股权结构并不违反我国《公司法》的规定，我国实行优先股试点等举措也证明不同表决权股的可行性。

（一）我国《公司法》允许有限责任公司实施双重股权结构

我国《公司法》对有限责任公司表决权规定允许股东进行意思自治。我国《公司法》第四条规定：“公司股东依法享有资产收益、参与重大决策和选择管理者等权利。”在“有限责任公司的设立和组织机构”一章中第四十二条规定：“股东会会议由股东按照出资比例行使表决权；但是，公司章程另有规定的除外。”由于有限责任公司由50个以下股东组成，公司章程由股东共同制定，因此在全体股东同意的情况下，可以突破“同股同权”“一股一权”的限制，实施双重股权结构。这正是基于有限责任公司的人合性特征，尊重并允许股东间意思自治的体现。

（二）我国《公司法》限制股份有限公司实施双重股权结构

我国《公司法》第一百零三条第一款规定：“股东出席股东大会会议，所持每一股份有一表决权。但是，公司持有的本公司股份没有表决权。”第

一百二十六条规定："股份的发行，实行公平、公正的原则，同种类的每一股份应当具有同等权利。同次发行的同种类股票，每股的发行条件和价格应当相同；任何单位或者个人所认购的股份，每股应当支付相同价额。"基于第一百零三条我们可以认为我国《公司法》中股份有限公司施行"一股一权""同股同权"原则。

此外，我国《公司法》第一百三十一条规定："国务院可以对公司发行本法规定以外的其他种类的股份，另行作出规定。"因此，从法律条文上理解，我国《公司法》并不是双重股权结构实施的障碍。

（三）我国关于不同表决权股的政策松动

我国《证券法》对公众公司严格实行"一股一权"原则，使得想要采取双重股权结构的公司必须选择到境外上市，阿里巴巴放弃上市首选地中国香港而远赴美国上市体现了创新科技类公司对双重股权结构的需求。这样的规定无疑阻碍了我国证券市场的发展，也不利于公司融资。鉴于此，近年来的一些相关文件和政策，在股份种类方面已经开始有新的尝试和探索。

2013 年 11 月党的十八届三中全会通过的《中共中央关于全面深化改革若干重大问题的决定》强调："继续推进国有经营性文化单位转企改制，加快公司制、股份制改造。对按规定转制的重要国有传媒企业探索实行特殊管理股制度。推动文化企业跨地区、跨行业、跨所有制兼并重组，提高文化产业规模化、集约化、专业化水平。"2014 年 4 月 16 日，国务院办公厅印发文化体制改革中经营性文化事业单位转制为企业和进一步支持文化企业发展两个规定的通知，在《进一步支持文化企业发展的规定》第十九条明确规定："对按规定转制的重要国有传媒企业探索实行特殊股权制度，经批准可开展试点。"特殊股权中，政府拥有少量的股权，但每股拥有多个表决权，政府拥有一票否决权。此与双重股权结构类似，起到了保护国家控制权的作用。特殊股权制度的试点有利于双重股权结构的实施。

2013 年 11 月 30 日为深化企业股份制改革，国务院下发《国务院关于开展优先股试点的指导意见》（国发〔2013〕46 号），决定开展优先股试点。中国证监会于 2014 年 3 月 21 日公布了《优先股试点管理办法》（中国证券监督管理委员会令第 97 号），其明确规定优先股是普通股种类之外优先于普通股分配利润和剩余财产权利，但表决权受到一定限制的种类股，对优先股的实施进行了可实施性的规定。优先股的实施是国务院对股权制度规定的一种实践，也顺应了国务院对不同种类股份可另行规定的路径。

二、双重股权结构与公司法兼容问题分析

部分国家实施双层股权结构是以公司法授权章程自治的形式给予公司股东以选择的权利，在我国实践中若实施双重股权结构，其是否与现行《公司法》兼容，需要从公司法的性质以及章程自治的角度加以分析。

（一）公司法任意性与强制性分析

公司法任意性与强制性的分析对双重股权结构能否在我国法律框架下适用具有重要的意义。学者们对公司法到底是强制性的还是任意性的也有不同的观点：一种是合同主义者，崇尚公司自治；另一种认为公司法是强制性的法规。

合同主义者认为公司法是公司合同范本，为股东之间的契约提供格式模板，其既具有标准合同的作用，又具有合同漏洞补充的作用。这就可以用契约理论去解释公司。“公司虽然是一种企业组织，但是公司并非仅仅是一种法人格，它实际上是公司股东之间的一种契约，此种契约像一般民事契约一样是股东意思表示的合意，一旦具备契约的构成要件即对公司和公司股东产生法律上的约束力。这就是公司契约理论。”[①]“公司设立的过程实质上就是一个契约的缔结过程。”[②]“契约观点意味着在订立契约时参与人的地位是平等的。”[③]一方面，公司法为这种契约提供一种合同范本，像买卖合同、租赁合同一样提供一个范本给公司的成立者；另一方面，公司法这种合同范本具有弥补漏洞的作用，在契约各方对有关事宜没有约定的情况下，起到一个补充作用，像我国《合同法》第六十二条一样。从决策的配置来看，双重股权结构可以理解为一种将公司决策权更多地（相对于传统情形）配置给创始人的契约模式。公司治理模式是在不断地缔结契约中优胜劣汰选择的结果。双重股权结构中，投资者将自己的投票权以契约的形式让与公司创始人或者管理者，这是顺应市场发展需求的表现。

强制主义者认为公司法就应该是强制性的，像其他法律一样应当强制实施，完全抛弃公司法的合同视角。“交易行为所发生的利害关系仅及于行为

① 张民安．公司契约理论研究[J]．现代法学，2003，25（2）：45-50.

② 孙亚贤．股权众筹公司创始人控制权维持的法律路径[J]．法商研究，2017，34（5）：141-150.

③ 戈岐明，汪诚，刘知博，等．双层股权结构的契约分析[J]．金融发展评论，2016(9)：141-146.

当事人，应尊重当事人自治，受个人法原理支配，其采用的规范应依当事人意思选择，故而宜基本采用任意性规范。公司组织及其运营所发生的社会关系，涉及公司治理是否健全，不仅及于当事人，还直接、间接地及于当事人以外的第三人，甚至影响社会公众利益，受团体法原理支配，故而多采用强制性规范。”[①] 契约只能处分或者保护自己的权利，一旦一种行为涉及第三人的利益或者对第三人进行约束，就必须依靠法律的强制性。在开放公司中，公司的制度将约束不特定的多数人。根据主流观点，公司法是强行法和任意法的综合体系，但在公开公司和封闭公司中，其强行性和任意性条款的比例并不一样。公司法的强制性规范有其存在的必要性。信义性规范、分配性规范以及程序性规范有必要作为强制性规范，对公司参与人加以约束。同时，需要在强制性规范之外扩大公司的自治空间。

（二）双重股权结构与公司章程自治

公司章程是公司自治的重要表现方式，公司章程自治源于公司法的授权，不应与公司法强制性规范相抵触。股东以公司章程的方式约定公司采用何种股权结构与公司法的强制性规范以及立法目的并不冲突。

1. 公司章程是公司内部的自治性规范

公司章程是公司自治的重要形式，关于章程自治和公司法的强制性之间的冲突也是学者们研究的重点。公司章程有多大的自治空间与公司法的性质密切相关。我国《公司法》的立法趋势扩大了公司的章程自治权。一个优秀的公司章程应当翔实地规定公司的经营规则、股权结构、机构设置等方面。公司章程是针对本公司实际情况的、可以实施的规范，是在公司法的授权以及范围内由股东约定形成并对后加入的股东以及公司董事、监事、高级管理人员生效的公司内部规范性文件。

从公司章程的性质来看，公司章程的合意属性应为国家任意法指导下的公司内部自治私法。公司章程既然是私法自治的贯彻，是公司自治的表现形式，毫无疑问，其应是公司和股东的自治规范。不管是有限责任公司还是股份有限公司，对公司的组织、权力分配和运作，以及公司资产和利润分配等具体章程记载事项，基本能够通过参与制定和公司章程公示加以了解，并自

---

① 王保树．竞争与发展：公司法改革面临的主题[J]．现代法学，2003，25(3)：15-26.

己决定加入、接受、拒绝或退出。应以当事人自治为原则，以公司法强制为补充。因此，在私法领域只要《公司法》没有明确禁止的都应当允许股东通过公司章程进行自治，而且自治的约定优先于《公司法》的适用。

2. 通过章程约定实施双重股权结构不违反公司法的强制性规范

公司法的强制性主要以保护第三者利益为出发点。在有限责任公司中，我国《公司法》第二十三条第三项规定："股东共同制定公司章程。"在股份有限公司中，我国《公司法》第七十六条第四项规定："发起人制定公司章程，采用募集方式设立的经创立大会通过。"虽然公司章程对在后期通过受让获得有限公司股份的投资者具有约束力，但在有限责任公司中，我国《公司法》明确规定，允许公司章程对股权结构进行创设性规定。在股份有限公司特别是上市公司中，公司章程不仅对创始人或者发起人生效，还约束在后期买进公司股票成为公司股东的不特定多数投资者，因此我国《公司法》并没有明确授予章程另行规定公司股权结构（股票种类）。实际上，在施行双重股权结构的国家，双重股权结构的实施只允许公司首次发行上市或者增发新股的时候实施，而不允许股东采取任何行动来改变已经发行的普通股的表决权。在一个初次公开发行的公司中，较之股份有限公司，有一个更符合合同主义者所期望的那种环境，信息可以得到很好的传递，当事人之间也可以得到很好的协商。公众公司在成立时全体发起人或者创立大会通过章程达成契约实施双重股权结构不侵害第三人的权益；后期在制定公司章程以及相关制度经过公示、披露的情况下，公众投资者股东知情并愿意继续投资该公司，相当于投资者认可并同意了此种契约，这并不会造成对第三人权利的侵害。基于此，公司章程约定可以实施双重股权结构不违反公司法精神，公司法应当对公司章程的修改方面作强制性规定，以保护中小股东的利益。

公司既可以遵循"同股同权""一股一权"原则，也可以采取不同的股权结构。因此，通过章程自治，约定实施双重股权结构与公司法的强制性规范的条文并不冲突；通过公司章程另行约定实施双重股权结构与公司法的强制性规范、公司法立法精神并不矛盾。

三、双重股权结构下中小股东权利保护问题分析

（一）双重股权结构对中小股东利益影响

1. 双重股权结构对中小股东利益的积极影响

双重股权结构所设定的权利配置方式，使得创始人及其管理团队能够行使超级表决权否决对其正常经营战略产生妨害的外部投资者的不当干预，创始人得以将董事会牢牢控制，其前瞻理念也与公司发展方向一致，避免公司财务投资者短线拉抬公司股价牟利的行为影响公司既定的长远发展目标。以阿里巴巴为例，双重股权结构将对中小股东利益产生以下积极影响。

2014 年 9 月，阿里巴巴集团（以下称“阿里巴巴”）在美国纽交所成功上市，上市当天阿里巴巴股价暴涨，一跃成为仅次于 Google（谷歌）的全球第二大互联网公司。阿里巴巴所采用的“合伙人制度”正是促使阿里巴巴弃港赴美上市的关键性因素。包括马云在内的二十名合伙人共持有 10% 左右的阿里巴巴股份，而根据该“合伙人制度”，上述合伙人股东却可以联合控制公司董事会九个席位中的五个席位，从而近乎将公司的经营决策权牢牢地控制在手中。尽管马云与蔡崇信都在多个场合极力否认“合伙人制度”的双重股权结构属性，但是从本质上而言，该制度不仅具有双重股权结构属性，更是双重股权结构的“升级改进版”。从阿里巴巴的股权结构来看，第一大股东软银和第二大股东雅虎分别持股 31.8% 和 15.3%，远超阿里合伙人团队所共同持有的 13%，而“合伙人制度”有权任命董事会中的大多数成员，合伙人团体成为公司的实际控制人，实现了对传统双重股权结构的创新和改良。

阿里巴巴的治理结构赋予“合伙人”与他们所持股份不成比例的控制权，这种治理结构可能导致更大的固守思想和代理成本。接下来的问题是，阿里巴巴的创始人当初为什么要设计这样的治理结构？

其一，减少传统代理问题。所有权和控制权的分权制衡产生了公司法理论中的传统代理问题。传统公司结构中，股东通过选举将决策权委托给董事会，董事会再任命管理人员负责公司的日常运营。而董事和经理作为代理人，可以接触更多的公司信息，更直接地控制公司，成为公司的“管家”。因此，他们极可能利用这一便利条件为自己的利益行事，而不是为股东或委托人的利益。股东为管理层和董事失当行为承担的费用以及监督这种行为所需的资源统称为代理成本，通常包括合同成本、交易成本、道德风险成本和

信息成本。为了尽可能降低这种代理成本，各种公司治理机制得以实施，如董事的忠实、勤勉义务。也恰恰是这种监督监管机制，极易扭曲公司最优决策，阻碍公司发展。往往参与公司经营管理的“专业人士”比股东更了解公司的实际情况。一旦股东对公司现状产生认知偏差，他们往往花费高昂的时间成本和精力成本，让股东相信，目前的资源利用方式是最佳的。当这种信息沟通成本过高时，管理层便会选择更易被股东看到的产生短期利益的项目，而不是需要长期运作产生更大价值的项目。由此，双重股权结构制度使得所有权与控制权从分离走向融合，大大减轻了这种传统代理问题。管理者与所有者的身份界限不再泾渭分明，所有权与控制权统一，曾经轰轰烈烈的“管理者革命”趋于停滞①。以阿里巴巴的委任权为例，阿里巴巴的“合伙人制度”基本上确保了他们选择的每一位提名人都将进入董事会，无论他们是被选举还是被任命的。有人认为，这种任命权破坏了投票和股东民主的机制。“合伙人制度”不仅控制着提名的第一阶段，还控制着股东投票的第二阶段。而在股东投票中获胜和落败的唯一区别在于董事的任期：如果提名者通过股东投票，那么任期为三年；如果合伙人提名未通过股东投票，阿里巴巴“合伙人”仍可任命另一名被提名人为临时董事，任期一年，并提名一名候选人（原被提名者除外）在下一次股东大会上投票。因此，这种治理设计使得“合伙人制度”对董事会和股东大会都拥有无可争议的控制权。股东得以参与到公司经营和管理中，大大减少了股东监督成本和因信息不对称带来的沟通成本，极大地降低了代理成本。此外，双重股权结构赋予特权股权股东更多的控制权，提升了与代理人的沟通效率，企业更有可能采取产生长期利润的商业战略，不断优化治理方略，随之而来的是公司经营效率提高、发展态势良好、股票价值增长，将为中小股东带来更多的现金回报，满足中小股东的差异化需求，这便是强化管理的好处。

其二，满足股东的个性化投资偏好。双重股权结构的特殊功能是通过改变一股一票制的投票方式，使其在吸引融资的同时，保持股权不被稀释。这种股权自治方式，使得“各路人马各司其职”。就外部投资者而言，免去经营的压力而将眼光放在产生长远收益的标的上；就企业而言，尤其是以阿里巴巴为代表的互联网企业，其前期运作不单纯依靠创业者们敏锐的商业嗅觉和完善的运作模式，更需要充足的资金支持，甚至以“烧钱”的手段打开市

① 冯果，李安安．金融创新视域下公司治理理论的法律重释[J]．法制与社会发展，2013(6)：64-75．

场。如果依靠传统的股权至上的控制权安排模式，这些想法很难实现。在绝对控制下，企业才能够实现对特殊价值的追求，最终增加公司的价值，从而使所有股东按比例分享成果。

其三，促使管理者关注企业长期价值。马云作为阿里巴巴的精神领袖和最负盛名的创始人，经常被拿来与乔布斯相比，因为他们都有能力预测和满足市场趋势。马云一直试图按照自己的形象塑造阿里巴巴，他讲求客户至上、团队合作、拥抱变革、诚信、激情以及承诺将阿里巴巴打造成全球最大的在线零售商。实验研究证明，创始人的参与很重要。一个成功的企业家通常对他创办的企业怀有极大的热情，并且愿意投入大量时间和精力去实现他的商业梦想。通过阿里巴巴"合伙人制度"，他们以简单多数票获得了董事会成员的提名权。这种控制结构类似于被称为"控制少数股权结构"的所有权结构，即股东只持有一小部分股份，却控制着一家公司，使公司免受并购威胁，创始人可以从公司发展前景、用人方式、激励制度以及社会责任方面提升企业形象，并最大化股东的"长期"价值。与此同时，创始人还可以指导公司进行大笔捐赠，如为母校提供后勤支持，在提升个人形象的同时也肩负起更多的社会责任。

2. 双重股权结构对中小股东利益的消极影响

双重股权结构经历着多年理论争辩，回溯其立法演进，更是发现由于其积极与消极影响并存，各国对其接受态度始终处于徘徊之中。即使双重股权结构在新兴企业中占据重要的位置，但这种股权配置结构的合理性依旧饱受质疑。反对者认为双重股权结构的核心矛盾其实就是控制股东的超级表决权与公众投资者的单一表决权间的不对等关系引发的治理困境[①]。对此，我们应该客观分析，在看见双重股权结构带来的巨大商业价值的同时，更应谨慎分析其带来的一系列消极影响。

世界上一些表现得好、管理得好的公司采用的是双重股权结构，但这并不能否认这样一个事实，即此类公司增加了中小股东的风险。有学者认为随着时间的推移，双重股权结构带来的积极影响会减弱，相反潜在成本会增加。其一，中小股东不得不面对更大的财务风险。首先，"创始人的独特价值"最先受到质疑，不得不面对"烈士暮年，壮心不已"的尴尬局面。我们

① 傅穹，杨金慧.不同投票权制度：争议中的胜出者[J].证券法苑，2019(3)：235-262.

不得不承认在公司创立初期甚至直到公司首次公开募股（IPO）时期，创始人卓越的眼光和领导才能可以使公司迅速壮大，因此双重股权结构的支持者往往坚持，给予这样的“掌舵者”一定比例特权股，赋予其更多的话语权，无疑是最好的选择。然而，当他们不再是最优秀的领导者，相对地也将带来更大的固守思维，其持股时间越长，带来的损失也就越大，而这些风险损失无疑都将转嫁到中小股东身上。其次，双重股权结构下可能会将特权股转让给创始人的继承人，而后者可能不像前者那样能干、有才能、有技能或有干劲。这个问题在经济学中被称为“白痴继承人”问题。事实上，有证据表明，由后代经营的公司发展往往比聘用外部经理人所管理的公司表现更差，这种为少部分人提供“控制权集中”的股权结构，使得“集中”发展为“专制”，现代公司制度也将受到排挤，公司的发展前景也越发不被看好。最后，这种现金流权与投票权的分离真的有百利而无一害吗？当持特权股的股东现金流权足够小，其财产风险势必得以转移。甚至说，他可以为了投资组合多样化，在不失去控制权的基础上，出售大比例的股权。当特权股股东从公司财产风险中“抽离出来”，是不是会产生“站着说话不腰疼”的问题？当特权股股东与公司联系的密切性减弱，势必会影响其参与公司治理的积极性。一旦他们面对项目选择，就可能会偏好风险较大的投资或项目，此时产生的成本和风险需要包括中小股东在内的投资者共同承担。那么，中小股东在传统的代理成本之外，还需要考虑这类特权股股东是否会考虑自己的利益，是否会以侵害自己的利益为代价谋取个人私利。而“势力薄弱”的中小股东，面对“强大股东”时，如何进行内部监督？如何捍卫自己的权利？这些都是双重股权结构下中小股东不得不面对的问题。

其二，降低控制权市场对公司治理的改善作用，阻却市场化敌意收购的监督功能。使用双重股权结构能将敌意收购“挡在门外”，但另一方面同样把有利于改善公司治理以及对其他股东有利的要约收购拒之门外。依据控制权市场理论，低效管理团队将导致公司当前价值低于公司的应有价值，因此通过收购让高效的管理团队去替代低效的管理团队，有助于实现公司价值，使得股东利益乃至整个社会利益最大化。同时，因为控股股东将公司管理权牢牢掌握在自己手中，也会产生任人唯亲、刚愎自用等公司治理问题，损害中小股东利益。

（二）双重股权结构下中小股东利益受损原因分析

1. 控股股东享有对公司绝对的控制权

其一，公司监督制度受到侵蚀，股东会难以对董事会决策进行有效制约。在一股一权公司结构中，股东会是公司的最高权力机构，股东会选举董事会，董事会向股东会负责并受其监督。同样，董事会选举经理等高级管理人员，被选举出的高级管理人员向董事会负责并受其监督。由此构成了公司治理中的权力制衡和监督机制，公司在这种机制下保持良好态势发展。而在双重股权结构中，由于部分股东掌握了公司控制权，更掌控了董事选举和任命权，打破了这一平衡机制，董事会不再向股东会负责，而向那些少部分对他们有着“生杀大权”的股东负责，更加架空了中小股东通过监督制约董事参与公司治理的权力。鉴于公司内部组织机构监督职能在双重股权结构的公司治理模式下已无法真正实现，控制股东为自己谋取私利而牺牲公司利益时会更加肆无忌惮。不仅如此，敌意收购措施对采纳双重股权结构公司的威胁也因为大股东及其选任的管理层把持公司控制权而大为削弱。由此，外部控制权市场也丧失了控制权争夺机会的可能。届时，即便公司董事、大股东未能合理履行信义义务，小股东也只能通过“用脚投票”的方式维护自己的利益①。

其二，控股股东具有机会主义倾向，极易导致控制权私利的过度攫取。双重股权结构下，公司治理更为“集权化”。所有权和经营权分离而产生的传统代理问题虽得以缓解，但也将引发控股股东与中小股东之间的新的代理问题。控股股东的机会主义倾向将引发其利用控制权攫取私利的隐性危险。其中，最为出名的例子当属世界大型报业集团霍林格国际公司的前董事会主席兼首席执行官康拉德·布莱克的丑闻事件。这位前传媒界的大亨，在公司内部审计中被发现秘密转移资金，利用管理交易谋取原本属于公司股东的 8000 万美元财产利益，受到包括财务欺诈、不正当交易、逃税、妨碍司法公正以及洗钱多项指控罪名。为了一己私欲，这位与默多克比肩的“大人物”不仅需要补足近 1 亿美元罚款，更是面临超过 100 年的牢狱之灾。

① 刘海东．双层股权结构下的股东利益保护与董事的忠实义务[J]．东岳论丛，2018，39（8）：126-135.

2. 中小股东基本权利及救济途径缺失

其一，中小股东基本权利将受到侵害。现行的董事选举制度为董事提供了有利于控股股东的激励措施，却很少有相反的激励措施来保护公众投资者不受自我交易和其他形式的价值转移的影响。控股股东对董事的任命具有决定性的权力。公司的董事不能在其初始任期结束后被选举或连任，除非控股股东支持其参选。一旦控股股东决定终止他们的董事职务，他们将无法留任。这一制度无疑为董事提供了大量激励措施，以趋向控股股东的利益偏好并希望使控股股东满意。有的选举制度也未能为董事提供足够的反补贴激励措施，以保护公众投资者。董事会的服务不指向公众投资者，公众投资者既不能选举他们，也不能罢免他们。如果控股股东愿意，这些董事将在董事会任职，无论其他中小股东对他们的任职满意与否，董事的首次选举和留任完全取决于控股股东。项目选择是指管理层在各种投资选择中做出的决定。通常来说，在两个截然不同的项目之间进行选择时，控股股东通常会选择产生最大个人回报的项目。此外，笔者断言，随着控股人股权的稀释，相对于他们能够获得的私人利益，每个项目之间的总价值差异对控股股东来说将变得不那么重要。从这个意义上说，控股股东通常处于这样一种地位：他们可以做出最大化自身回报的决定。如果他们的现金流权很大，那么他们可以选择对公司产生最大价值的项目，这将增加他们股权投资的价值，同时可能还会带来一些个人利益；如果控股股东的现金流权较小，则可以选择私人收益最大的项目，同时将由此导致的股价下跌的后果外部化给中小股东，从而增加中小股东的投资风险。

其二，保护中小股东利益的救济途径缺失。一方面，法律制度不完善，维权缺乏法律依据。无救济即无权利，如果对中小股东利益保护的相关法律规定和制度建设不到位，那么谈及中小股东利益，将是一纸空文。以查账权为例，目前中国司法对上市公司中小股东查账权的保护力度仍十分薄弱。具体来说，公司法虽规定股东享有查账权等股东权利，但同时也对权利的行使设置诸多限制。在其无法说明正当目的时，公司极有可能予以拒绝，而这种“正当目的”的举证又十分困难。在司法实践中也已经发生诸多著名的中小股东因大股东虚假陈述被严重欺骗和侵害的诉讼案例。有限度的股东查账权应当得到确定的司法保护。另一方面，法律制度不合理，维权付出高昂成本。中小股东在公司结构中一直处于弱势地位，董事会或高层管理人员掌握公司控制权，当他们因一己私欲损害公司利益时，公司可能很难发现他们的失职，也困于缺乏足够的证据对他们采取司法手段。如果没有强有力的救济方案对董事会严加约束，必将产生更多的风险。股东派生诉讼在制度层面上，试图解决这一难题。但在实务操作中，一是诉讼时间过长，能力单薄的中小股东难以支撑；二是依据民事诉讼制度中的“原告就被告”原则，需多次前往公司所在地法院参与案件裁判；三是前期投入的大量财力成本，让很多中小股东望而却步。再加上“搭便车”的侥幸心态，使得中小股东依靠诉讼维权之路难上加难。

第四节　我国双重股权结构制度的构建及完善

一、我国双重股权结构制度的确立与发展

（一）我国双重股权结构制度的发展历程

我国双重股权结构法律制度建立伊始发展至今，一共经历了公司法预留创设空间、优先股制度试点、差异化表决制度引入三个主要的演进阶段。

1. 公司法预留创设空间

我国《公司法》于1993年制定颁布，并经2005年、2013年和2018年等历次修改，但始终没有正式确立双重股权结构制度，即未明确规定公司可以发行不同类别的股份。不过，现行《公司法》第一百三十一条规定：“国务院可以对公司发行本法规定以外的其他种类的股份，另行作出规定。”有学者认为，该条款实际上承认了我国可以存在不同种类的股份，也就是说我国公司法并未绝对禁止公司发行普通股份以外的其他种类的股份，但是，这必须由国务院作出规定。换句话说，立法机关将规范公司发行特别股份的权力授权给了国务院，只有国务院才可以根据立法的授权以行政法的形式确立类别股份制度，而公司章程则不能设置类别股份。这就为双重股权结构法律制度的创设预留了立法上的空间。

2. 优先股制度试点

我国双重股权结构制度的建立是从优先股制度的试点开始的。优先股对于提高直接融资比重、防范分散风险、促进资本形成和股权流转、激发市场

活力、保障投资者收益具有积极作用。2013年11月30日，国务院根据立法机关的授权公布了《国务院关于开展优先股试点的指导意见》，为优先股股东的权利与义务、优先股的发行与交易提供了指引性意见。2014年3月21日，中国证监会颁发《优先股试点管理办法》，为上市公司公开发行优先股、非上市公众公司非公开发行优先股、优先股的交易转让及登记结算提供了规则框架。

此后，上海证券交易所于2014年5月9日发布《上海证券交易所优先股业务试点管理办法》；深圳证券交易所于2014年6月12日发布《深圳证券交易所优先股试点业务实施细则》；中国证券登记结算有限责任公司于2014年6月20日发布《优先股试点登记结算业务实施细则》；全国中小企业股份转让系统有限责任公司于2015年9月21日发布《全国中小企业股份转让系统优先股业务指引（试行）》；等等，一系列重要的配套规则为优先股发行、交易与结算提供了具体的操作准则。目前，在上海证券交易所、深圳证券交易所、全国中小企业股份转让系统，上市公司和挂牌企业可以在遵循上述法律法规、交易所自律规则的前提下，进行优先股发行、交易等活动。

3. 差异化表决制度引入

21世纪以来，以“同股不同权”为特征的差异化表决制度因契合新经济公司创始人/管理层对控制权的偏好而备受青睐。2017年，中国新经济公司赴美国上市迎来新一轮爆发，总数达到25家，其中一项重要原因就是美国证券交易所允许设置双重股权结构制度[①]。2018年6月15日，上海证券交易所发布《上海证券交易所试点创新企业股票或存托凭证上市交易实施办法》；同日深圳证券交易所发布《深圳证券交易所试点创新企业股票或存托凭证上市交易实施办法》。上述交易所规则为创新企业股票、存托凭证上市交易、保护投资者合法权益、维护证券市场秩序提供了法律依据。虽然这并非允许采取双重股权结构的创新公司直接在我国境内上市，但是中国证监会也已经开始考虑制订有关“同股不同权”的法律规则。2018年9月26日，国务院发布《国务院关于推动创新创业高质量发展打造“双创”升级版的意见》，提出要推动完善《公司法》等法律法规和资本市场相关规则，允许科技企业实行“同股不同权”的特殊治理结构安排。

① 朱慈蕴，神作裕之，谢段磊. 差异化表决制度的引入与控制权约束机制的创新——以中日差异化表决权实践为视角[J]. 清华法学，2019，(2)：6-27.

2019年1月28日，经党中央、国务院同意，中国证监会发布《关于在上海证券交易所设立科创板并试点注册制的实施意见》（以下简称《科创板实施意见》），提出在上海证券交易所新设科创板，重点支持科技创新企业，并明确允许符合相关要求的特殊股权结构企业和红筹企业在科创板上市。2019年3月1日，中国证监会发布《科创板首次公开发行股票注册管理办法（试行）》（以下简称《科创板管理办法（试行）》）和《科创板上市公司持续监管办法（试行）》；同日，上海证券交易所发布《上海证券交易所科创板股票上市规则》（简称《科创板上市规则》（修订版）），并于第四章“内部治理”当中设立“表决权差异安排”一节，专门对差异化表决制度用14款条文予以详细规定。至此，差异化表决制度在我国被正式引入。

目前，我国已经初步形成了以优先股和差异化表决权为支柱的双重股权结构法律制度体系，并且这一制度体系仍在不断发展完善。

（二）我国优先股制度的规则体系

根据中国证监会《优先股试点管理办法》，优先股是指依照《公司法》，在一般规定的普通种类股份之外，另行规定的其他种类股份，其股份持有人优先于普通股股东分配公司利润和剩余财产，但参与公司决策管理等权利受到限制；并且在试点期间不允许发行在股息分配和剩余财产分配上具有不同优先顺序的优先股，但允许发行在其他条款上具有不同设置的优先股。根据上述规定，我国现行法所规定的优先股，在权利构成上具有利润分配和剩余财产分配同时优先的特征，并且试点期间不允许在股息与剩余财产分配优先性方面做进一步的划分，但可以就优先股的赎回、转换、股息、章程约定的表决权恢复等条款作出不同的约定。具体而言，优先股在权利构成方面具有如下特殊的法律规则。

1. 盈余分配优先权

盈余分配优先权，是指在公司有可分配的利润时，按照既定的标准优先于普通股股东获得股息分配的权利。盈余分配优先权是优先股能维系较强的投资吸引力的重要保障，也是优先股之所以具有投资安全性的重要原因之一。优先股在分配公司利润的顺序上较普通股具有优先性，只有当优先股完成了全部的利润分配，才能接着由普通股股东针对剩余的利润进行分配，所以其又称优先分红权。根据不同的标准，可以将盈余分配优先权分为不同的类型。

首先，根据利润是否可以累积将盈余分配优先权分为累积型盈余分配优先权和非累积型盈余分配优先权。在公司经营状况欠佳，所得可分配的利润不足以按照事先确定的标准向全部优先股股东进行足额分配时，若优先股股东可以选择本年度暂时不分配利润，将该年度的全部利润累积到下一年度，待公司经营状况改善且有足够盈余足额分配全部利润时，再一并接受，则该种选择累积方式的权利就是累积型盈余分配优先权。反之，如果优先股股东只能选择就本年度所有的利润进行分配，当年的可分配利润不足以支付优先股股息而又不累积到下一年度进行补足的盈余分配优先权，称为非累积型盈余分配优先权。

其次，根据优先股股东是否有权参与剩余利润的分配，可以将盈余分配优先权分为参加型盈余分配优先权和非参加型盈余分配优先权。公司在有些年度盈利状况良好，能够足额分配优先股的股息，并且在分配之后还有剩余，这部分剩余本应向全部非优先股股东分配，此时如果优先股股东有权同非优先股股东一起参加剩余盈余的分配，则为参加型盈余分配优先权。如果优先股股东在获得固定股息的分配后，其本年度分配即告结束，公司剩余的利润分配与其无关，则其享有的盈余分配优先权为非参加型盈余分配优先权。

最后，根据股息率是否可以变动，可以将盈余分配优先权分为固定型盈余分配优先权和可调整盈余分配优先权。通常而言，优先股为追求投资的安全性，无论公司经营状况如何，优先股股东的股息率都是固定的，优先股股东既不会受到经营状况不佳的不利影响，也不会因为本年度公司出现大量盈余而增加分红，这样的盈余分配优先权就被称为固定型盈余分配优先权。然而，也有少数优先股股东在入股时就与公司达成协议，其股息率会在后续的年份里随着经济状况的变化而作出调整，虽然变化幅度不及普通股股东的剧烈，但与股息率完全固定的分红权还是有所不同，这种盈余分配优先权就是可调整盈余分配优先权。

目前，实践中采取最多的盈余分配优先权选择模式就是累积型、非参加型、固定型的盈余分配优先权，这也是最符合公司利益的做法[①]。

2. 剩余财产分配优先权

剩余财产分配优先权，也称为清算优先权，是指在公司清算时优先于

① 李晓珊. 优先股股东保护之法律制度研究 [M]. 北京：中国政法大学出版社，2018：52-53.

非优先股股东分配公司剩余财产的权利。剩余财产分配优先权实际上是优先于非优先股股东获得股本偿还的权利，优先股股东从剩余财产中优先获得限额为其股本金额。优先股剩余财产分配优先权是其投资安全性的又一重要体现，然而在实践中，如果一个公司破产，其剩余财产分配顺位劣后于公司债权人。股东是公司经营风险的最终承担者，优先股股东的剩余财产分配优先权也只是优先于非优先股股东，而不能优先于公司债权人。但是，相较于非优先股股东而言，其剩余财产分配请求权仍处于优先地位，非优先股股东才是公司最彻底的剩余索取权人，也是公司破产后亏损的终局承担者。更重要的是，现代融资方式越来越复杂，例如，在风险投资中就存在权利义务构成类似于股权而在法律上属于债权的投资协议，对于这种债权就不能排除其在剩余财产分配上劣后于优先股股东，因为这种债权在功能上属于股权。所以，在不违反法律的强制性规定和不损害其他债权人权益的情况下，应当允许特定债权人与公司就融资事项进行特殊化的约定，包括确定劣后于优先股股东的清偿顺序①。

3. 赎回权与转换权

（1）赎回权

赎回权，是指在公司发售优先股的同时与优先股股东签订赎回权条款，该赎回权条款约定了一定的期限或者一定的条件，当该期限届满或者条件成熟时，优先股股东有权请求将自己所持有的优先股股份出售给公司并退出公司。赎回权是直接按照优先股价值换现金，可能会使公司忽然流失大量的现金，从而使公司资本结构突然发生变化，增加其不稳定性，对公司的经营造成负面影响。由于这一原因，实践当中通常较少有公司愿意选择发售包含赎回权的优先股，而是倾向于选择发售有利于公司一方的回购权优先股。当然，这并不意味着赎回权优先股在实践中的意义不大。事实上，包含赎回权的优先股在创业企业融资中有着较为重要的作用。对于创业企业而言，融资需求通常较为急切，但是公司设立不久且稳定性较差，投资者为创业企业投资则风险较高，因此，若无相关制度保障，创业企业可能吸引不到投资者，难以满足融资需求。此时，含有赎回权的优先股就成为一个较好的选择。公司赋予优先股以赎回权，优先股股东根据投资后的公司盈利状况来决定是否要退出该公司，并可以随时退还现金。这就使得创业企业优先股股东的安全

① 王东光．类别股份制度研究［M］．北京：法律出版社，2015：29.

性大大增加，融资能力也就随之得到提升[①]。

（2）转换权

转换权，是指股份公司在发售优先股的同时与优先股股东签订转换条款，约定一定的条件或期限，当条件成熟或期限届满时，优先股股东可以将自身持有的优先股向公司转换为非优先股的权利。转换权的行使可以由公司主动提出，也可以由优先股股东主动提出，可以是强制性转换，也可以是非强制性转换。对持有可转换优先股的股东来说，转换前后只是权利与内容的变化，并不改变可转换优先股股东的身份，也不会影响其与公司之间已经存在的法律关系。从这个角度而言，优先股股东通过转换的方式退出与通过回购的方式退出存在明显的区别。从法律本质上说，优先股股东通过回购退出意味着其丧失了公司股东的地位和身份；而通过转换的方式退出很多时候只意味着失去了公司“优先股股东”的身份和地位。

4. 表决权

（1）表决权排除与例外

表决权，是指股东参与公司决策，在股东大会上按所持股权比例进行投票，从而影响公司重大决策的权利。尽管理论上股东表决权具有举足轻重的地位，但实践中并非所有股东都这样认为，有些股东并不看重表决权，也并不积极行使自己所拥有的表决权。他们的目标是以较低的投资风险获得高于银行存款利益的回报，即以纯粹的资本获得收益，而不是通过自己的参与争取获得更多的收益。他们真正关心的是在别人的控制、经营下，公司会获得何种收益以及会分得多少收益。对于这些股东而言，他们乐于以放弃或限制表决权换取盈余分配或剩余财产分配上的优先权。因此，优先股股东除特殊情况外并不享有表决权。这是因为从优先股制度设计初衷来看，优先股的存在本来就是投资者为了获取固定投资收益所带来的安全性以及一系列关系到收益的优先性权利而让渡了自身表决权。因此，优先股投资的唯一目的就是获取收益，而不是参与决策，这决定了优先股不享有表决权。

（2）表决权恢复行使

《关于开展优先股试点的指导意见》也对优先股股东被剥夺的表决权的恢复行使问题作出了规定，即“公司累计 3 个会计年度或连续 2 个会计年度未按约定支付优先股股息的，优先股股东有权出席股东大会，每股优先股股

① 李晓珊 . 优先股股东保护之法律制度研究 [M]. 北京：中国政法大学出版社，2018：45.

份享有公司章程规定的表决权”。根据这一规定，我国目前法律规定的优先股股东表决权恢复行使的唯一情形，就是公司没有向优先股股东按照约定支付股息且达到一定的期限要求。如此规定的初衷可能是以此来驱动上市公司按期分红。由于我国上市公司不分红问题由来已久，如果上市公司一贯如此并且对优先股股东也不予分红，就很可能面临优先股股东表决权的恢复行使后果。一旦优先股股东的表决权恢复行使，控制股东的表决权就会在很大程度上面临被稀释从而丧失公司控制权的严重风险。故有学者认为，我国立法者将优先股股东表决权恢复行使的情形设定得如此狭隘，根本原因在于我国上市公司的股权结构现状。目前我国上市公司股权结构最突出的特征就是国有股一股独大，如果立法者拓宽优先股表决权恢复行使的适用范围，那么优先股股东就会拥有更多的机会参与公司的经营决策，甚至会出现对公司控制权的争夺，这或许是立法者不愿意看到的结果。

此外，《优先股试点管理办法》第十一条规定，优先股股东的表决权恢复后，每股享有公司章程规定的一定比例表决权。这就意味着优先股股东恢复表决权以后，并不当然享有与普通股股东同等的表决权，而是允许公司通过章程规定优先股股东只能按照一定比例行使表决权，这无疑会在一定程度上削弱优先股表决权恢复机制的功能。

5.有限的知情权

除了相关法律规范对优先股所承载的权利内容作出上述特殊规定以外，优先股股东的其他权利与非优先股股东完全相同，其中最重要的就是知情权。所谓股东知情权，是指股东获取公司经营信息、了解公司的实际经营状况的权利。知情权的主要功能在于解决股东与经营者之间所存在的信息不对称问题，以便监督经营者，降低代理成本，从而维护股东的合法权益。股东知情权作为一项独立的股东权利，其特征体现在手段性和目的性两方面：作为手段性权利，知情权在整个股东权利体系中具有基础性地位，是其他股东权利得以实现的前提；知情权的目的性特征，是指在某些情况下股东行使知情权就是单纯为了了解公司的经营状况[①]。

① 李建伟.股东知情权研究理论体系与裁判经验[M].北京：法律出版社，2018：3.

（三）我国差异化表决制度的规则体系

1. 公司准入要求

（1）行业范围

对于允许采用表决权差异安排的科创板上市公司所属的行业范围，我国《科创板实施意见》将其定位于“符合国家战略、突破关键核心技术、市场认可度高的科技创新企业”。其中，新一代信息技术、高端装备、新材料、新能源、节能环保以及生物医药等高新技术产业和战略性新兴产业将得到重点支持，并且具体的行业范围还会由上海证券交易所适时更新。

（2）市值及财务指标

《上海证券交易所科创板股票上市规则（2020 年 12 月修订）》第 2.1.4 条对于采取表决权差异安排的创业板上市公司的市值及财务指标提出了明确要求，即至少应当符合以下标准中的一项：预计市值不低于人民币 100 亿元；预计市值不低于人民币 50 亿元，且最近一年营业收入不低于人民币 5 亿元。这种市值要求或许是考虑采取表决权差异安排的公司往往上市之前需要不断融资，不断融资必然推高市值，若不设定市值要求，则会导致并非因不断融资而稀释控制权的企业谋求表决权差异安排。对此，学者指出，创新公司上市前的预估市值存在一定的主观性与高度的不确定性，以业绩为估值的参考呈现高度可变性，因此，市值限制规则的保护作用未必有效，而消极影响可能较大[①]。科创板的市值要求妥当与否，尚需未来资本市场的实践来检验这一标准的正负影响，给出最终的答案。

（3）设置时间

科创板上市公司可以设置表决权差异安排的时间，是应当在首次公开发行并上市之前设置，还是在首次公开发行并上市之后也可以设置，对此，《上海证券交易所科创板股票上市规则（2020 年 12 月修订）》也作出了明确规定。根据第 4.5.2 条，发行人首次公开发行并上市前设置表决权差异安排的，应当经出席股东大会的股东所持三分之二以上的表决权通过；发行人在首次公开发行并上市前不具有表决权差异安排的，不得在首次公开发行并上市后以任何方式设置此类安排。

① 郭雳，彭雨晨. 双层股权结构国际监管经验的反思与借鉴[J]. 北京大学学报（哲学社会科学版），2019，56（2）：132-145.

2. 特别表决权股份持有人资格

对于表决权差异安排设置公司中持有超级表决权股的股东资格，我国现行法律也从身份与持股比例两方面作出了规定。

（1）身份要求

与我国香港地区、新加坡等证券交易所要求超级表决权股份的持有人必须担任公司董事类似，我国《上海证券交易所科创板股票上市规则（2020年12月修订）》也对特别表决权股股东的身份要件提出了要求。根据第4.5.3条，持有特别表决权股份的股东应当为对上市公司发展或者业务增长等作出重大贡献，并且在公司上市前及上市后持续担任公司董事的人员或者该等人员实际控制的持股主体。这一安排类似新加坡特别表决权持股人的要求，即包括自然人和法人。有学者质疑，我国立法将持有人资格扩张为包括自然人以及自然人实际控制的持股主体，导致公司成为"法人董事"，不仅鼓励隐名股东的安排，还因为金字塔结构与差异化表决权叠加，加大超级表决权带来的代理成本。我国优刻得公司的差异表决权持股人限定为三个自然人，我国资本市场尚未出现其他组织形态的特别表决权股持有人。不过，我国科创板的既有安排给予了未来多名创始人经由其他组织形态持有特别表决权股的空间。

（2）持股要求

对于超级表决权股份的持有人的持股比例要求，《上海证券交易所科创板股票上市规则（2020年12月修订）》与香港联交所《主板证券上市规则》的规定一致，即应当达到公司全部已发行的有表决权股份的10%以上。其目的是确保公司上市时，所有超级表决权股股东整体持有的经济利益不致过少。目前，国内首例采用表决权差异安排申报科创板上市的云计算服务商——优刻得，对公司三位共同实际控制人授予了特别表决权，三人合计持股比例为26.83%，满足规则要求，也间接证明并非每个持股主体的持股比例都满足10%的底线要求。

3. 超级表决权行使限制

（1）最高差异倍数限制

对于双重股权结构下超级表决权股所具有表决权的最高倍数，即每一超级表决权股份最多能够行使多少个表决权，新加坡和我国香港证券交易所修改后的《主板上市规则》均规定不同表决权股份之间的表决权倍数最多不得超过10倍。《上海证券交易所科创板股票上市规则（2020年12月修订）》借鉴了这一规定。其第4.5.4条规定，科创板上市公司章程应当规定每份特别表决权股份的表决权数量；每份特别表决权股份的表决权数量应当相同，且不得超过每份普通股份的表决权数量的10倍。以优刻得公司的表决权差异安排的倍数观察，其招股说明书指出，这是经过股东精确测算的结果。若倍数低于5倍，则上市后共同实际控制人表决权比例低于1/2；若高于5倍，则超级表决权比例高于2/3，因此最终确定为5倍。可见，通过理论比较与实证观察，我国科创板设定的表决权差异安排的10倍上限是合理的，现实中双重股权结构公司的选择也是理性的。

（2）行使范围限制

关于表决权差异安排之下的超级表决权行使的范围，主要资本市场法域均进行了一定的限制，明确将关系到公司全体股东根本利益的重大事项排除在外，以平衡超级表决权股东与弱势表决权股东之间的利益。例如，新加坡和我国香港联交所《主板证券上市规则》均规定，凡是涉及公司章程修改、类别股份股东权利变动、委任或者罢免独立董事、委聘或者辞退外部审计人员以及公司破产或者退市等事项，公司全体股东均应按照"一股一票"的原则进行表决。在这些事项当中，有的可能影响弱势表决权股东的基本权利，有的可能增强超级表决权股东的权利，有的则可能影响到公司的"生死存亡"，因此都属于可能影响弱势表决权股东利益的重大事项。对于这些有益的法律智慧结晶，我国内地亦予以吸收、借鉴。

4. 超级表决权存续限制

表决权差异安排作为一种企业家与投资者之间的安排，是基于投资者对企业家的特质愿景与特殊人力资本的信赖，而且是在企业上市之前经过绝对多数甚至一致同意通过的契约安排。因此，表决权差异安排若失去上述存在基础，必然面临自动转换为普通股份的结果。基于此，《上海证券交易所科创板股票上市规则（2020年12月修订）》第4.5.9条具体规定了超级表决权自动转换为普通表决权的四种情形：①持有特别表决权股份的股东不再符合规定的资格和最低持股要求，或者丧失相应履职能力、离任、死亡；②实际持有特别表决权股份的股东失去对相关持股主体的实际控制；③持有特别表决权股份的股东向他人转让所持有的特别表决权股份，或者将特别表决权股份的表决权委托他人行使；④公司的控制权发生变更。

5. 内部监督

针对表决权差异安排结构下如何制衡公司创始人的控制权滥用的问题，我国香港联交所《主板上市规则》采取的是设立由独立董事组成的企业管治委员会进行监督的做法；而《上海证券交易所科创板股票上市规则（2020年12月修订）》采取的则是由公司监事会进行专门监督的做法。根据《上海证券交易所科创板股票上市规则》第4.5.12条，上市公司具有表决权差异安排的，监事会应当在年度报告中，就下列事项出具专项意见：①持有特别表决权股份的股东是否持续符合对其持股身份的要求；②特别表决权股份是否及时转换为普通股份；③上市公司特别表决权比例是否持续符合本规则的规定；④持有特别表决权股份的股东是否存在滥用特别表决权或者其他损害投资者合法权益的情形。

鉴于我国《公司法》规定的公司治理结构主要为“三会一层”架构，监事会往往扮演监督管理层、保护投资者的角色。但是依靠监事会主导监督持有特别表决权股份的股东、保护投资者的工作略显单薄。一方面，监事系由股东大会选举产生，持有特别表决权股份的股东亦可监事，于持有特别表决权股份的股东而言，请自己提名的监事来监督自己并不现实；另一方面，在上市公司实践中，客观而言，目前监事会的监督往往是“守门员工”的末端监督，并不一定能在滥用特别表决权情形发生之初迅速介入履职。

6. 信息披露

表决权差异安排引发的治理风险，充分披露该治理结构下或有的投资者欠缺表决权的风险。对此《科创板管理办法（试行）》第四十一条规定：“存在特别表决权股份的境内科技创新企业申请首次公开发行股票并在科创板上市的，发行人应当在招股说明书等公开发行文件中，披露并特别提示差异化表决安排的主要内容、相关风险和对公司治理的影响，以及依法落实保护投资者合法权益的各项措施。”

对于表决权差异安排公司上市后的持续性信息披露要求，《上海证券交易所科创板股票上市规则（2020年12月修订）》第4.5.11条规定：“上市公司具有表决权差异安排的，应当在定期报告中披露该等安排在报告期内的实施和变化情况，以及该等安排下保护投资者合法权益有关措施的实施情况。”

对于表决权差异安排上市公司的信息披露要求，上海证券交易所指出，需要站在投资者的立场上，以充分性、可理解性和一致性为切入点，对上市申请人开展审核问询。

二、我国双重股权结构制度的完善

（一）规范控制股东的信义义务

双重股权结构公司的控制股东常常是持有特别表决权的创始人团队，他们因其独特的管理价值和经营理念受到外部投资者的青睐，借助特别表决权股份掌握着公司的控制权。但是，“权力是一把双刃剑”，公司的控制权也不例外。拥有控制权的创始人团队可能也会因此不受约束。而且，双重股权结构预防恶意收购的优势，也会使其因此成为创始人团队的反收购措施。当收购行为有利于公司发展时，反收购措施则会阻碍公司的发展。因此，规范控制股东的信义义务，一方面有助于公司监管控制股东，保证公司控制权不被滥用；另一方面有利于规范公司的收购和反收购行为，保障公司持续稳定的发展。

1. 控制股东与信义义务的含义

控制股东是指其持有公司股份并能够利用股份、合同或者其他方式并借助公司权力运行机制实际控制公司经营管理权的股东。双重股权结构公司的控制股东通过持有的特别表决权股份，达到实际控制公司经营管理的目的，最终对公司的发展产生重大的影响。

信义义务是指董事、监事、高级管理人员受公司股东的委托来管理、经营公司，应当诚信地对待受托事务，为股东利益着想，从事公司管理，履行监督职责。我国《公司法》对股东信义义务作出了规定，信义义务包括忠实义务和勤勉义务两种。信义义务要求董事、监事和高级管理人员恪尽职守，认真努力完成自身的工作，实现公司管理和监督职能，保护投资者的权益。我国试点双重股权结构的科创板也在《上海证券交易所科创板股票上市规则》第 4.2.3 条和第 4.2.4 条中规定了公司董事的忠实义务和勤勉义务。

2. 完善控制股东信义义务

（1）明确控制股东的判断标准

对控制股东信义义务进行规制，首先应当明确判断标准，只有这样才能够对控制股东范围作出准确的分析，进而规范信义义务。判断标准应当从形式标准与实质标准两方面进行界定。形式标准就是所持有公司的股份比例，实质标准是对公司决策的实质控制。在双重股权结构公司中，公司出于对控制股东的信任，通过设置特别表决权，使得控制股东获得了公司的控制权。从判断标准来看，双重股权结构公司的控制股东更多的是一种实质标准，虽然其所持公司股份数往往不占优势，但其公司决策权影响力较大。

（2）健全关联交易判断标准

关联交易本身并不一定都损害公司的利益，因此公司法并不禁止所有的关联交易。但是控制股东如果利用不正当的关联交易谋取私利，损害公司的利益，就违背了信义义务，被法律禁止。司法实践中，对于关联交易判断标准应当客观地评判，保护控制股东与公司所进行的合理合法的关联交易，预防并禁止控制股东与公司进行的不正当关联交易。在双重股权结构的公司中，应当更加注重公司关联交易的审查力度，尤其对于控制股东与公司之间的关联交易需要进行更严厉的司法审查，这是因为控制股东对于公司的重要事项有着最终的决定权，控制股东不正当的关联交易会给公司带来巨大损失[①]。

（3）明晰控制权收购中控制股东信义义务

强化公司控制权收购中控制股东的信义义务，具体应重点完善以下几方面：第一，强化目标公司控制股东信义义务，包括应当明晰收购方的主体资格、控制股东、实际控制人、注册资本、诚信情形、收购意图以及收购步骤等，对以上进行充分的调研，并及时向中小股东进行信息披露；第二，强化收购方作为潜在控制股东的信义义务，收购方必须向中小股东明确、翔实地说明其自身资产情况、收购资金来源情况、收购的具体计划以及收购后未来发展方向等，不得利用信息公示的模糊性，进行误导性披露；第三，完善控制权收购中控制股东违反信义义务法律责任追究机制。一方面强化行政责任，提高行政罚款的数量；另一方面应当完善中小股东对其违法行为的民事责任追究机制。

3. 规范控制股东信义义务的意义

（1）有助于公司监督控制股东，保证公司控制权不被滥用

对控制股东信义义务的规范，使得控制股东行为受到法律上的规制。双重股权结构公司中控制股东也是公司的实际控制者和经营者，切实地参与公

① 王建文．论我国构建控制股东信义义务的依据与路径[J]. 比较法研究，2020（1）：93-105.

司的决策和运营。而信义义务强调控制股东在经营决策过程中的谨慎性，他们应当在具体的事项上作出全面综合的考量。作出任何损害公司利益的决策，都是违反信义义务的行为。何况在一些重大的决策事项中，持有特别表决权的控制股东可能拥有绝对多数的表决权，会影响整个事项的发展。信义义务有助于监督公司控制股东，使其更加审慎地行使自身的权利，最大限度地保证其作出正确决策。另外，对控制股东信义义务的规范，也保护了投资者的权益，防止控制股东滥用控制权。公司的控制股东在巨大的利益面前，有可能会滥用控制权谋取私利。信义义务就是通过立法的方式对这种可能潜在风险进行规制。控制股东在遵循信义义务的同时，也保护了投资者的权益。

（2）有利于规范公司的收购和反收购行为

公司的收购行为其实是有利于市场发展的行为，收购的本质是市场对公司优胜劣汰。正向的公司收购行为常常可以拯救处于经营困难或者即将破产倒闭的企业，通过更换管理层或者进行资金和技术上的整合扶持，使得目标公司重新“起死回生”。恶意收购的目的是在取得其控制权后，通过分割或转让公司资产、抬升公司股票价格、出售公司股份以牟取暴利。恶意收购常常不考虑被收购公司的长期发展，甚至会带来企业破产、员工失业等问题。近些年我国恶意收购行为频频出现，如宝能入股万科事件、恒大举牌廊坊发展事件等，很多公司开始反思并制订反收购措施，保护公司不被恶意收购所侵扰。

在收购和反收购之中，要规范控制股东的信义义务。因为在公司的收购和反收购之间，有着错综复杂的利益冲突和平衡，如果立法不加以约束，收购或者反收购就会成为控制股东谋取私利的途径。控制股东在收购和反收购的过程中必须遵守信义义务，在权衡利益之后作出正确决策，以实现公司利益的最大化。

（二）完善独立董事制度

1. 提高独立董事独立性的标准

独立董事要确保能够发挥预期作用，首先要保证独立董事的独立性。美国证监会对于独立董事独立性的规定较早，制定了很详细的限制性规定来保证独立董事的独立性。我国证监会的《关于在上市公司建立独立董事制度的指导意见》(以下简称《指导意见》) 第三条也是关于独立董事独立性的规定，但是在司法实践中仍有待完善。一方面，在社会关系中，独立董事如果是与董事或管理人员关系密切的人，但是又不在《指导意见》中的社会关系禁止范畴内，就会出现“人情董事”或“花瓶董事”等情况。而美国的公司立法对于独立董事与管理层之间的社会关系规定得非常细致，与此相比，我国在这一方面稍显薄弱，考虑得不够全面。因此，在独立董事与管理层之间的社会关系上，我国立法方面应该提高独立性的标准，将其细致、具体化，不断完善。另一方面，在债权债务关系中，如果主要债权人或者债务人担任独立董事，会出现不作为或者乱作为的情况。我国应当禁止主要债权人或者债务人担任独立董事，防止出现损害公司利益的行为。双重股权结构的独立董事制度，更应加强独立属性。因为双重股权结构更需要独立董事保持独立性来监督持股股东，特别是持有特别表决权股份的股东的公司决策与管理行为，保证公司利益不受损害。

2. 完善独立董事选任制度

独立董事的选任也是关乎独立董事能否发挥作用的重要因素，其选任制度包括任职条件和任职程序两方面的问题。任职条件方面，我国证监会的《指导意见》第二条规定了独立董事应当具备与其行使职权相适应的任职条件，但是规定的内容存在独立性不完善等不合理之处，导致实际中独立董事的部分职能无法实现。除此之外，还有一些其他的不合理之处，据统计，我国上市公司的独立董事中绝大部分是教授、学者、政府退休人士、律师和会计师，虽然他们拥有一定的人脉资源和特定领域的专业技能，但是这些人是否真的可以在公司运行中起到监督的作用令人担忧。任职程序方面，我国《公司法》中已经引入了累积投票制。《公司法》第一百零五条规定，股东大会选举董事、监事可以依照公司章程的规定或者股东大会的决议，实行累积投票制。但是这一条款并非强制性条款，对于是否适用于独立董事的选举也未作详细的说明，所以在这种情况下该条款很难在上市公司中得到认同和大范围的遵守。

由此建议将来证监会或者证券平台应当对双重股权结构的上市公司强制实行累积投票制选任独立董事的规定，以保证独立董事的独立性且真正发挥监督职能。另外，科创板独立董事的规定，使得独立董事只能“单打独斗”，实际过程中依旧无法对双重股权结构持有特别表决权的股东进行有效监督。在立法中，我们可以借鉴我国香港地区的独立董事委员会组成办法，即香港上市公司成立的“企业管治委员会”的成员由独立董事组成。在选举独立董事人选时特别表决权失效，这在一定程度上保护了选举的公平公正性，进一步完善了对持有特别表决权股份的股东的监督。未来的双重股权结构公司要注重独立董事委员会这种特别机构的设置与职能发挥，不仅要加强事后监督，更要注重事前监督。设立董事会专门委员会，以独立董事为主要成员，同时可以实行半年一次的公司治理信息披露。在董事会审议相关议案前，应当由董事会专门委员及独立董事提前进行审查。

3. 完善声誉机制与报酬激励机制

声誉机制和报酬激励机制是欧美国家很早就提出并予以实行的机制。我国独立董事制度规定较为简单，应当进一步完善声誉机制与报酬激励机制。当前，我国的上市公司独立董事的报酬机制均为年薪制，也禁止其持有上市公司的期权，激励机制的有效性存疑。这导致现实中出现了一种情况：既然独立董事自身的报酬是固定的，与工作的勤勉程度和时长均无关联，独立董事出席公司会议、参与公司运营治理的积极性大大降低。另外，声誉机制也可以提高独立董事的积极性，我国香港地区的上市公司尤其是行业龙头公司会邀请有声望的资深人士担任独立董事职位，并且独立董事可以获得公司期权作为薪酬激励。完善声誉机制也可以让爱惜自身名誉的资深人士和专业人士更有积极性，更好地监督上市公司。

双重股权结构的创始人团队希望通过特别表决权来控制公司，而控制权一旦滥用，就会出现脱离集体决策和他人的监督的情况。应完善独立董事选任制度，保持独立董事的独立性，引入激励机制，更好地发挥独立董事的监督职能。并使独立董事制度适用双重股权结构，监督持股股东尤其是持有特别表决权股份的股东的权利，防止公司控制权的滥用，进一步保障公司决策的正确性和公司的持续稳定发展。

（三）强制公司作出自我约束性承诺

公司作出自我约束性承诺是一种公司自治行为，指的是在公司上市的招股说明书或者其他公开文件中，作出一些和公司治理、股权结构、收购和反收购的限制性或者预期性的承诺。对涉及双重股权结构的内容，一些上市公司在使用时也会作出自我约束性承诺。例如，在美国证券市场上市的百度、新浪在公司章程中作出承诺，公司创始人的特别表决权股份一旦低于 5% 的持股比例，特别表决权股份就会转换为普通表决权股份。这种规定就属于双重股权结构的公司在特定情形下转变股份类别行为的承诺。我国的证券市场不太完善，因此监管机构应当强制要求双重股权结构公司作出自我约束性承诺，以规范公司的经营管理行为，保护投资者的权益。

1. 条件性公司自我约束承诺

条件性公司自我约束承诺，指的是除了证券平台或者相关立法规定，公司自行规定的针对时间条件和主体身份条件的约束性承诺。增加条件性承诺，可以提高公司在适用双重股权结构时的准入门槛，以更严格的时间和主体资格限制来约束持有特别表决权股份的创始人团队，并且有利于防止创始人团队的权力滥用，保障公司的内部和外部监督，增强投资者对公司的信心，进而吸引更多的投资。

2. 责任性公司自我约束承诺

责任性公司自我约束承诺，指的是除了证券平台或者相关立法规定，公司自行规定的针对时间和持股比例的约束性承诺。这类承诺常常与立法规定的特别表决权股份向普通表决权股份转化的“日落条款”密切相关。从某种程度上说，这类公司自我约束性承诺也属于“日落条款”的一部分，是属于公司章程自治的“日落条款”。这类承诺可以帮助公司更加快速、及时地在公司认为双重股权结构不利于公司的发展时，把公司股权制度转换成一股一权制度。另外，可以作出特别表决权股份表决权的适用事项范围的承诺，严格限制持有特别表决权股份的股东的权利行使范围，让公司利益不被侵害。

3. 侵权行为公司自我约束性承诺

侵权行为的公司自我约束性承诺，指的是除了证券平台或者相关立法规定，公司自行规定的出现公司侵权行为时进行补偿或者惩罚的约束性承诺。因为双重股权结构常常适用于互联网相关行业的上市公司，这类公司发展是快速的。随着公司的发展，其规模和结构会越来越复杂，如果公司发生了侵权损害行为，可能会出现立法没有进行规定的漏洞或者司法救济不够及时有效的情况。这时公司作出的侵权行为公司自我约束性承诺就可以很好地作为立法和司法的补充，及时、有效地作出补偿或者惩罚，以此更好地维护公司的利益和投资者的权益。

（四）普通投资者的权益保障

在双重股权结构下，持有特别表决权股份的股东权力过大，更容易使控制股东和管理团队通过控制公司侵犯投资者利益。因此，投资者保护特别是普通投资者权益保护问题尤为迫切。结合上海证券交易所科创板和香港联交所的保护投资者权益规定，可以进一步完善双重股权结构中普通投资者权益保障。

1. 完善惩处损害投资者权益的具体措施

《上海证券交易所科创板股票上市规则》第4.5.13条规定："持有特别表决权股份的股东应当按照所适用的法律以及公司章程行使权利，不得滥用特别表决权，不得利用特别表决权损害投资者的合法权益。出现前款情形，损害投资者合法权益的，本所可以要求公司或者持有特别表决权股份的股东予以改正。"由此可知，规则已考虑特别表决权可能危害投资者合法权益，但是规则只提出要求股东予以改正，尚未明确规定惩处措施。而根据香港联交所的规定，若持有特别表决权股份的股东做出欺诈或不诚实的行为，不同投票权将予以中止。科创板未来在损害股东权益处罚方面应当制定具体惩处措施，包括防止持有特别表决权股份的股东滥用表决权的预防措施、公司或者持有特别表决权股份的股东滥用表决权的详细改正措施、详细规定公司或者持有特别表决权股份的股东套利的惩罚措施，通过完善详细的法律惩处措施，保护普通投资者权益。

2. 完善证券交易所对董事资格免除的机制安排

香港联交所《主板上市规则》第8A.17条注1规定，在特定条件下，香港联交所可以剥夺受益人的董事资格，具体情形主要有受益人存在欺诈或不诚实的犯罪行为，法院或法庭发出取消资格令，受益人未遵守不同投票权股份条款更改与转让的限制以及受益人未遵守必须按照"一股一票"进行投票的规定。该机制的设置通过列举的方式赋予了证券交易所监督内部董事的功能。因此，需要证券交易所对双重股权结构的上市公司的董事进行监督，以防范持有特别表决权股份的股东滥用特别表决权的情况。我国科创板作为上交所的科技创新企业融资新途径，可以借鉴我国香港地区的证券交易所监督公司内部董事的功能，进而保护普通投资者的合法权益。

3. 特别表决权的信息披露

《上海证券交易所科创板股票上市规则》第4.5.11条规定，上市公司应当将特别表决权差异安排在年度报告中进行披露，同时规定对特别表决权变化与调整应当及时披露。及时进行信息披露，尤其是对特别表决权的披露可以为投资者提供投资判断的依据。拥有特别表决权的往往是决定公司重要战略方向和有独特价值的个人或者团队，这些人一旦发生特别表决权变化，必然会影响整个公司的上市交易。因此，特别表决权情况披露在一定程度上保护了投资者的知情权，进而减少了投资者对投资风险的误判。

上海证券交易所科创板规定将特别表决权的信息披露放在年度报告中，在双重股权结构公司上市第一年较为适宜。但是，随着公司的发展和变化，一旦公司进入快速发展时期，公司的融资情况就会使特别表决权变化频繁，如果出现问题普通投资者就会很难察觉。并且其信息披露更多的只是说明股权结构本身的情况，不能同时体现出对公司控制及其治理的直接作用，普通投资者更加难以分析和判断。为了进一步防止出现关联交易、内部交易及不正当套利等损害投资者权益的问题，未来还需要将其特别表决权变化的目的及效果等信息进行详细的披露，并且在事前、事中、事后阶段持续进行信息披露，以弥补现有规定的不足。

参考文献

[1] 李曜 . 股权激励与公司治理案例分析与方案设计 [M]. 上海：上海远东出版社，2001.

[2] 徐雳 . 创业公司股权设计指南 [M]. 北京：法律出版社，2021.

[3] 郭勤贵，耿小武 . 股权设计：互联网 + 时代创业公司股权架构 [M]. 北京：机械工业出版社，2017.

[4] 彭培鑫 . 基于上市公司视角下股权激励方案设计及利益效应研究 [M]. 沈阳：东北大学出版社，2019.

[5] 金颖 . 公司股权的合理架构设计 [J]. 企业文化，2019（2）：82–84.

[6] 郑振 . 上市公司股权质押风险及防范对策 [J]. 会计师，2021（12）：1–2.

[7] 祁中喻 . 上市公司股权激励研究 [J]. 合作经济与科技，2021（6）：130–131.

[8] 罗联玥 . 上市公司股权激励分析 [J]. 经营者，2021，35（2）：108–109.

[9] 李圭峰 . 公司股权转让制度适用问题研究 [J]. 人民法治，2019（10）：66–67.

[10] 刘志铖，成香，韦亚楠，等 . 上市公司股权激励研究 [J]. 今日财富（中国知识产权），2020（8）：60–61.

[11] 赵斌 . 上市公司股权治理结构的思考 [J]. 市场调查信息（综合版），2021（10）：32.

[12] 徐晶晶，徐丽军 . 我国上市公司股权激励问题探析 [J]. 营销界，2021（34）：189–190.

[13] 徐徐君 . 透视公司股权：股东应牢记的铁律 [J]. 法律与生活，2020（4）：54–55.

[14] 王间 . 公司股权融资法律问题研究 [J]. 法制与社会，2021（19）：41–42.

[15] 康浩声，索亚非 . 公司股权结构与公司治理的关系的探析 [J]. 商业 2.0（经济管理），2021（11）：265.

[16] 奉荣美，李文骥 . 上市公司股权激励与公司价值研究 [J]. 财经界，2021（19）：51–52.

[17] 卢晓聪 . 公司股权结构与公司治理的关系的探析 [J]. 法制博览，2021（12）：

81–82.

[18] 余佳 . 公司股权集中度与公司绩效的分析 [J]. 理财周刊，2021（8）：24–26.

[19] 方涛 . 上市公司股权激励计划效果研究——以科大讯飞为例 [J]. 经济研究导刊，2021（2）：126–128.

[20] 黄成兴 . 公司股权并购中的风险与防范 [J]. 中国中小企业，2021（3）：204–205.

[21] 崔佳馨，王迪，丁睿 . LM 公司股权激励案例分析 [J]. 商场现代化，2021（10）：98–100.

[22] 胡松学 . 公司股权纠纷问题及其预防策略 [J]. 法制博览，2021（3）：59–60.

[23] 向鸿 . 公司股权融资法律问题研究 [J]. 法制博览，2021（11）：98–99.

[24] 李婧怡 . 有限责任公司股权转让的法律分析 [J]. 法制博览，2021（12）：40–41.

[25] 陶婕 . 上市公司股权激励机制研究 [J]. 投资与创业，2021，32（9）：19–21.

[26] 杨越 . 我国上市公司股权激励问题研究 [J]. 环球市场，2021（4）：107–108.

[27] 刘雪倩 . 上市公司股权代持协议的效力 [J]. 法制与社会，2021（8）：53–54.

[28] 刘银川 . 上市公司股权激励机制的相关研究 [J]. 法制博览，2021（16）：86–87.

[29] 茹浩洋，边超越 . 我国创业板上市公司股权集中度与公司绩效 [J]. 全国流通经济，2021（20）：148–150.

[30] 王嫣 . 上市公司股权激励方案研究——以 M 集团为例 [J]. 当代会计，2021（10）：145–147.

[31] 李单 . 多案例角度下上市公司股权激励问题研究 [J]. 中国管理信息化，2021，24（19）：6–8.

[32] 罗恩阳 . 有限责任公司股权让与担保下股东资格研究 [J]. 楚天法治，2021（12）：169–170.

[33] 陈金明 . 有限公司股权对外转让纠纷的审判困境与路径分析 [J]. 楚天法治，2021（9）：119–120.

[34] 王冬 . 初创公司股权管理 [J]. 企业管理，2017（10）：85–87.

[35] 武志学 . 非上市公司股权融资方式研究 [J]. 商业 2.0（经济管理），2020（6）：82–83.

[36] 赵利娜，郑丽文，王敏华，等 . 上市公司股权转让纳税筹划分析——以 A 公司为例 [J]. 中国商论，2020（21）：45–47.

[37] 陈忠勇 . IPO 公司股权设计方案研究 [J]. 财会学习，2011（9）：64–67.

[38] 马连福 . 股权结构设计与公司治理创新研究 [J]. 会计之友，2020（17）：2–7.

[39] 吕航 . 公司股权激励制度设计问题研究 [J]. 商情，2020（51）: 123.

[40] 朱海娟 . 上市公司股权结构设计的理性思考 [J]. 投资与创业，2020，31（20）: 145–147.

[41] 方正 . 上市公司股权激励契约设计优化探析 [J]. 财会通讯，2020（20）: 112–115，124.

[42] 夏婷婷，尹华阳 . 股权激励设计要素的公司绩效实证研究 [J]. 特区经济，2020（5）: 141–143.

[43] 顾蓉 . 股权激励方案设计对公司业绩的正向影响 [J]. 中国中小企业，2020(11): 135–136.

[44] 王双 . 我国上市公司股权激励效率研究 [J]. 商场现代化，2016（1）: 84–85.

[45] 王琳 . 上市公司股权激励现状及对策研究 [J]. 消费导刊，2016（12）: 50–51.

[46] 赵巧霞 . 民营非上市企业股权激励方案设计探讨 [J]. 财讯，2021（5）: 41–42.

[47] 司礼贤 . 公司股权结构与经营绩效关系的研究 [J]. 商，2016（2）: 187.

[48] 李建伟 . 公司认可生效主义股权变动模式——以股权变动中的公司意思为中心 [J]. 法律科学（西北政法大学学报），2021，39（3）: 65–79.

[49] 石泓，高崇 . 股权集中度、股权激励与研发支出 [J]. 会计之友，2019（9）: 60–65.

[50] 魏妍妍 . 公司上市和股权激励注意事项 [J]. 环球市场，2019（34）: 93–96.

[51] 时海丽 . 有限责任公司股权转让的法律问题探讨 [J]. 今日财富（中国知识产权），2021（4）: 42–43.

[52] 李东娇 . 上市公司股权激励模式选择研究 [J]. 投资与合作，2020（7）: 44–46.